最強の心理学

効きすぎて中毒《ヤミツキ》になる

神岡 真司

Subarusya

はじめに

「最強の心理学」があなたの人生をバラ色に変換する!

本書「最強の心理学」は、次のような効能・効果をあなたにお約束いたします。

★あなたの第一印象を「好感度抜群」に作り替えます——。
★人と仲良くなっていく時間を圧倒的に短縮します——。
★誰かに嫌われていたあなたを、劇的に好かれる人に変換します—。
★職場での立ち位置を変え、理不尽な扱いや嫌がらせを消滅させます——。

★あなたに面従腹背《めんじゅうふくはい》の部下の心を変え、上司を尊敬する部下に変身させます――。

★商談の交渉力アップで、ケタ違いの結果を実現させます――。

★人を見る目を鍛え、「手の平返しの裏切り」に遭わなくさせます――。

★ライバルに圧倒的な差をつけ、競合関係にピリオドを打ちます――。

★狙った異性を口説き落とし、面白いほどのモテ期に突入させます――。

★男女関係をマンネリに陥らせず、長期継続を可能にします――。

つまり、今までのあなたの人生をリセットし、これからの人生をバラ色にする企《たくら》みです。

今のあなたにはきっと不可能と思われることとさえ、次々と実現させていくオペレーションの効能・効果ゆえに、本書は「最強の心理学」と銘打った次第なのです。

「最強の心理学」で5つの武器を手に入れる

他人から見下されることなく信頼され、自分の主張を思いどおりに、自由に通せるようになりたい——というのが誰しもの願望でしょう。

人として生まれたからには、つねに課題を乗り越え、着実な成果を上げていけることが本能の望むところの「安心の境地」だからです。

本書は、あなたの人生を好転させる、ヤミツキになるほどの数多の武器を、「最強の心理学」というツールで提供していきます。

心理学関連の書籍にはいろいろありますが、本書が「最強の心理学」と謳《うた》うのにはそれなりの理由があるのです。

「ここぞ！」という人生の重要局面において、必ず劇的な好転現象を導くことができる「武器としての心理テクニック」に主眼を置き、まとめ上げていきます。

人生は、その時々の重要局面において、サバイバルできなければ転落あるのみです。

必ず、勝てる——ことが見落とせない要点であり、無傷で生還することが求められます。

しかも、誰にでも実践できるツールとして落とし込まれていることが条件になります。
本書は、その要求に確実にお応えできるもの——と自負するところ大なわけです。

本書の構成は、実践心理学における5つの戦略分野の要諦から成り立っています。

★好感度オペレーションによる「脅威」の除去と「安心」の獲得法！
★良好な対人関係構築のためのマインドコントロール法！
★対人交渉を有利にすすめるための相手心理の見極めとその攻略の実践法！
★ビジネス現場におけるサバイバルのための心理パフォーマンス戦術！
★男と女の理想的関係を自在に形成するための実践オペレーション術！

これらの方法の中には、誰もが簡単に行えるにもかかわらず、多くの人が全く気づかずに、盲点として見逃してきた「重要コンテンツ」も数多く含まれています。
目からウロコの現実的な方法論の数々に、きっとご納得いただけるはずなのです。

効きすぎて中毒《ヤミツキ》になる心理学を満載

心理学は、「人間心理を解き明かすもの」ですが、ただ何となく知っている――というだけでは役に立ちません。

大事な場面で、こんな形で使える――という実践的な知見にまで高めておかないと、中途半端なもったいない知識――で終わってしまうのです。

本書はあえて「効きすぎて中毒（ヤミツキ）になる！」とサブキャッチに謳っています。

これは、こけおどしや、まやかしではありません。

本書が一冊、手元にあるだけで、自信を持って、日々の生活に臨んでいただけるようになること――を請け合いたいからに他なりません。

人生のバイブルにしていただきたい――という真摯な願いを込めて執筆したものだからです。

著者の大好きな言葉を、本書の推奨として、ここであなたにお届けしておきましょう。

人と同じことをしていたら、人と同じにしかなれない！

本書の実践心理ツールの要諦を押さえることで、ぜひ、あなたの人生の「困った！」を解消し、あなたならではのユニークな新しい人生に変換してほしいのです。

周囲の誰もが驚くほどに、あなたのステージが輝いていくことをお約束する次第です。

神岡 真司

中毒になる心理学

効きすぎて

最強の

第2章 相手の行動を自在に操る

第3章 すべての要求をのませる極秘の心理術

第4章 職場の人間をコントロール下に置く

第5章 恋愛が意のままになる 男と女の心理戦術

ブックデザイン・TYPEFACE（AD・渡邊民人　D・谷関笑子）

第1章

脳をダマして相手の好感度を操作する

人たらしはコレで好感度を操っている

1

嫌われる条件がわかれば好かれ方がわかる

人は、よく知らない人や、嫌いな人には冷淡に接します。

頼みごとをされても、できるだけ断わろうとするでしょう。

無意識に「脅威」を感じているため、関わり合いたくないわけです。


これは動物的本能によるもので、相手を「敵」と認識しているからそうなります。

よく知らない人や嫌いな人は、危害を及ぼされるかもしれない「敵」として、無意識の動物的本能が「危険シグナル」を自分自身に送ってくれている状況です。

私たちは本能レベルで、生存の危機を感じるため、敵には近づきたくないのです。

これは、動物が、敵と遭遇した時の身体反応と同じです。

動物は、敵に対峙すると、生存の危機を感じ、瞬時にして体を固くして身構えます。筋肉を硬直させ、心拍数を上げ、短い呼吸で、敵の様子を窺《うかが》うのです。

これからどう動き、敵と「戦う」か「逃げる」かの選択を迫られる場面だからです。

この時、自律神経系の交感神経はフル稼働し、とてつもない緊張を強いられるので、心も体も非常に不快な状況に陥《おちい》ってしまいます。

人の場合だと、向こうから「嫌いな人」が歩いてくると瞬時に緊張し、気づかなかったフリをして横に逃げるか、作り笑顔で「こんにちは」と挨拶するか、思いっきり軽蔑の表情で睨《にら》みつけながら、敵意むき出しで通り過ぎるかの判断を迫られる場面というわけです。


他人の心を動かすためには、まずは、自分に「好意」を抱いてもらったほうが、都合がよいことがわかります。「悪意」を持たれていたのでは、いつ攻撃されるかわかりませんし、何かを頼んでも協力さえ得られないからです。

生まれつき怖い顔の人、眉間にシワを浮かべている人、態度が横柄な人、下品な人、愛想のない人は、他人に危害を加えたわけでもないのに、脅威を感じさせるため、他人から避けられ、嫌われ、人生において非常に大きな不利益を被《こうむ》ります。

一瞬で相手との距離を縮める方法

相手に脅威を与えず、「好意」を感じ取ってもらうのに、最高のツールと言えるのは「笑顔」です。笑顔で近づくと、たとえ「作り笑い」でも、人はとりあえず安心するからです。

眉間にシワを寄せていたり、口をへの字に曲げている人は、不機嫌な表情ですから、何をされるかわからないという「脅威」を感じさせますが、笑顔でニコニコ近づいてくる人には、誰でも簡単に警戒心を緩ませます。ＣＡ（客室乗務員）などの接客業の人は、職業的にこの笑顔を作って対応しています。笑顔を作るのが苦手な人は、相手に近づく時に次のような表情を心がけるだけでも、相手に「安心感」を与えられます。

★両方の眉を少しだけ上げて、目を大きく見開くようにして相手に接する。

★唇の両端の口角をわずかに上げてスマイルに近い表情を作る（アヒル口にしてもよい）。

★両手の肘から先を前に出して少し上げ、両掌の内側を相手に見えるように広げる。

実は、こうした表情や動作は、好きな人に会う時に自然と現れやすい所作だからです。

特に、**両掌の内側を相手に見せようとする動作は、ボディランゲージの中でも、相手に「脅威」を与えない所作として有名です。**おそらく、太古の昔から、掌に石などの凶器を隠し持っていないことの証明になるからだろうと推測されます。

相手にこれを行ってもらうのも非常に効果的です。商談時などで相手の態度が固い時や、初デートで相手と早く仲良くなりたい時には、雑談に紛れて、「ちょっと両掌を見せてくれませんか」などと、ゲームや占いを装ってみることです。**相手の掌の内側をこちら側に向けさせると、相手の警戒心が緩み、リラックスムードに誘う効果が高くなるからです。**

緊張している時には交感神経がはたらき、体も硬直しがちで両掌も握られています。しかし、両掌を開いて上に向けさせられると、今は「リラックス時」という信号を脳に送る形になるため、相手の「安らぎモード」の副交感神経を刺激することになります。

相手に意識させることなく、体の状態から、心を開かせるのに役立てられるのです。

相手の出す掌の左右どちらが早かったかで、右手が先なら「論理思考の左脳型ですね」と伝えたり、左手が先なら「感性の鋭い右脳型ですね」などと伝えて、ちょっとしたゲームと誤魔化せますし、掌を開いて出させるだけで相手は次第にリラックスしていき、相手との距離を縮められるわけです。

ちなみに、この時きっちり指をつけて掌を出す人は警戒心が強い人で、指を軽く開いて出す人は協調性のある人、大きく開いて出す人は大雑把で自信家の性格です。

2

「嫌い」が「好き」に変わる技術

好かれる人ほど「安心」させている

人から「好意」を持たれるのは、安心できることで、とても気持ちのよいものです。反対に、人から「悪意」を持たれるのは、脅威であり、不安にさせられます。

そのため、人は誰しも多くの人たちから「好意」を得たいと考えますが、なかなかうまくいきません。人から「好意」を得るには、こちらから「好意」を与えることが必要――ということがわかっていても、実践するのはなかなか難しいものがあるからです。

「返報性の原理」と呼ばれる心理学の法則には、「好意の返報性」と「悪意の返報性」の両面があります。**こちらが相手に「好意」を持っていると、相手もこちらに「好意」を持つ――というのが「好意の返報性」です。こちらが相手に「悪意」を持っていると、相手もこちらに「悪意」を持つ――というのが「悪意の返報性」です。**「悪意」とは、相手を嫌うことです。

すでに、あなたのことを明らかに嫌っている――という態度を示す人に、自分への「好意」を抱いてもらうようにするのは、容易なことではないでしょう。

あなたが相手に無理に近づいていき、親切にしようとしても、相手は「攻撃」してくるかもしれませんし、「無視」したり、「回避」して逃げようとするかもしれません。

つまり、余計に嫌われるキッカケをつくることにもなりかねないわけです。

誰かに対して「好意」を持つのは、生存本能が「安心」を感じるからです。

誰かに対して「悪意」を持つのは、生存本能が何らかの「脅威」を感じるからです。

人は、何らかの「害」や「不利益」を及ぼされそうな相手に脅威を覚えます。

こちらが相手に何らの危害を加えたことがなくても、相手が無意識にこちらを脅威と感じるものがあれば、相手は一方的にこちらを避け、嫌ってくることさえあるわけです。

意識ではなく無意識の記憶が、過去のイヤな出来事と、あなたの顔や態度の近似性を瞬時にして結びつけ、あなたを「危険人物」と認識する場合もあるからです。

「脅威」の正体は、「不安」や「恐怖」に根ざした本能の反応で危険シグナルなのです。

相手からの「悪意」を取り除くためには、こちらを「脅威」と感じている相手の認知（マインドセット）を変えてあげなければいけません。つまり相手に「安心」を与えるのです。

あなたとの関係を強化する「小さなお願い」を使いこなす

誰か特定の相手から、あなたが嫌われている場合、相手はあなたに対して何らかの脅威を感じている――と考えられます。

あなたがとても優しい、大らかな明るい性格で、他人に親切で、協調的で、模範的な人物であっても、相手はあなたに何らかの脅威を感じ取ると、あなたのことを嫌うのです。

その何らかの脅威を抱いた相手の「あなたへの感情」には、次のようなものがあります。

※「軽蔑」：あなたの容姿や身だしなみ、話し方、教養、マナーの悪さを不快に思う。

※「嫉妬」：自分と同等かそれ以下と思えたあなたが周囲に優遇・賞賛されて不快に思う。

※「裏切り」：自分の期待にあなたが適切に応えてくれなかったことを不快に思う。

※「否定」：あなたから否定的に扱われたり、何らかの攻撃を受けたと感じ不快に思う。

※「軽視」：あなたから自分の存在を軽んじられる行為があったと感じ不快に思う。

※「投影」：自分が封印している嫌な行動を、あなたが平気で行うことを不快に思う。

※「差別」：あなたが自分と異なる宗教・人種・グループなどに属することを不快に思う。

脅威を感じる理由は、ひとつとは限りません。複合的であることも珍しくないのです。相手のこうした認知を変えさせるためには、「返報性の原理」からも、まずあなたのほうから相手への「好意」を示さなければなりません。あなたも相手に対して脅威を感じ、嫌っていたら、「悪意の返報性」の支配から逃れられなくなるからです。

そして、自分を嫌う相手には、自分から細心の注意を払って近づかねばなりません。

それには、「些細《ささい》な頼みごと」をしてみることです。**嫌いな人からの頼みごとは、ふつうなら断りますが、些細な頼みごとだと、断るのもストレスなので引き受けてくれる可能性が高いからです。**相手がパソコン通なら、簡単なパソコン操作について相談に乗ってもらったり、ちょっとした文房具を貸してもらうでもよいでしょう。そして、それが終わったら、丁重にお礼を言い、とても感謝している旨を告げるだけでよいのです。

相手にとって、嫌いなあなたの相談に乗ったり、モノを貸したりするのは、本来不快なことです。そんなことをした自分が許せないというモヤモヤが生じます（認知的不協和）。

しかし、**自分に丁重にお礼を告げられ感謝されると、「案外、いいヤツかも」と認知に変化が起こります。**「嫌いなヤツに親切にした自分」という認知は不快ですから、「いいヤツだから親切にした」という認知に自然に変わっていき、認知が協和します。

こうしたことを徐々に繰り返していくと、相手のあなたへの「悪意」は取り除けます。

3 相手を心酔させる方法 欠点をほめて

長所よりも欠点のほうが見つけやすい

人は、誰でも他人の欠点や弱点のほうに目がいきがちです。

他人の欠点は、時として自分に「脅威」をもたらす危険なものかもしれないし、また、他人の弱点は、時としてその相手を「攻撃」する時に役立つものだからです。

他人の長所を見つけるよりも、欠点や弱点に注目してしまうのは、自分の安全・安心に関わることだからです。

私たちは、動物的本能に支配されて生きています。

本能は、生存すること、生き残りを目指しています。

自分が生き残るためには、他人より優位であることが求められます。

他人の欠点や弱点は、自分が優位でありたいからこそ、知りたいものなのです。

ゆえに、人は自分の欠点や弱点を晒《さら》すことを嫌います。

すなわち、それが「弱み」だからで、他人から「攻撃」されかねないものだからです。

反対に、「強み」は、他人にもアピールしたいものです。

他人より、優位にあることは、生存するうえでの安心につながるからです。

人には、「承認欲求」があり、認められたい、ほめられたい、評価されたい——という願望が、つねに本能的に備わっているゆえんでもあります。

あなたは、自分の「強み」と「弱み」をよく理解しているでしょうか。

例えば、外見がカッコよく魅力的なのは「強み」ですし、誰とでもすぐに打ち解けることのできるコミュニケーション力を持っているのも、大きな「強み」と言えるでしょう。

人のこうした側面は、動物的優位性がよく伝わってきます。

ところが、**世の中には、こうした「強み」を持っていない人のほうが、圧倒的に多いのです。**イケメンではない、美人ではない、太っている、背が低い、学歴がない、年収が低い、内気、口下手、ネガティブ思考……いろいろあります。

誰も欠点をほめないからこそあえてほめる

たいていの人は、相手と親しくなりたい時に、相手の利点や長所といった、すぐに目につく「強み」を指摘し、相手をほめようとします。「背が高くてスマートですね」「若々しいですね」「いい会社にお勤めですね」などです。「ほめ」は人の承認欲求を満たすので、「よい気分」にさせるべく行われます。しかし、相手に「好意」を与え、安心してもらおうと**相手の「強み」をほめることが、マイナス効果になってしまうこともあるのです。**

それは、いつもほめられ慣れている人をほめる場合です。

いつも「お美しいですね」「上場企業の役員で、すごいですね」などとほめられ慣れている人にとっては、嬉しくないわけではないものの自己確認にすぎません。つまり、「またかよ」「そこかよ」と増長させ、こちらを見くびらせるだけで終わりかねません。

お世辞や追従《ついしょう》、おべんちゃらというのは、相手におもねり、つけ入ろうとする魂胆に他なりませんから、もしそう思われれば、相手と自分との関係を従属化させかねないものでもあるわけです。

むしろ、こういう相手は、**その人物の内面や苦労したところ、プロセスなどに言及するほうが効果的です。**「細かいお心配りが秀逸《しゅういつ》ですね」「ユニークな取り組みで大変だったのでは？」「難しいプロジェクトを数々こなされたのでは？」など表面より裏側に焦点を当てるとよいのです。すると、相手は自分から大変だった頃を振り返り、苦労を語りはじめたり、結果的にそれが自分で自分をほめる糸口にもなるからです。これはとても快感です。自分のその時の達成感に浸《ひた》れるからです。相手をほめる時には、表面的な部分より、内面や苦労したところに遡《さかのぼ》れる「ほめ」を繰り出したほうが、心に響くゆえんなのです。

なお、さらに相手の心に突き刺さる「ほめ」にするには、本人が「弱み」に思っていそうな部分にこそ焦点を当て、ポジティブな変換をしてほめることです。

内気でおとなしい人には、「○○さんのように、温和で落ち着いたムードを与えるにはどうしたらいいんでしょうか？」などと、静けさを逆に讃《たた》えるのでもよいでしょう。

自分が「弱み」に思っていた部分を、マイナスでなくプラス評価されるのは意表を突かれます。自分の存在を深いところで評価されると、自己肯定感が上がり、指摘してくれた人への洞察眼にも驚き、一気に信頼感も高まるからです。

「騒がしい」は「活気がある」に、「安っぽい」は「お値打ち」に、「単純」は「すっきり」に、「ケチ」は「節約家」に、「デブ」は「恰幅《かっぷく》がいい」に、「強引」は「統率力がある」に、「頑固」は「筋を通す人」……など、日頃からポジティブ変換に慣れておきましょう。ネガティブ語よりポジティブ語を会話で多く使うほうが、知性や品格を感じさせます。

4 好かれる人のほめ方・嫌われる人のほめ方

目上の人をほめるにはコツがある

前項でふれた通り、他人に「脅威」を与えることなく、「安心」を引き出し好意を得るため、人をほめることは重要です。「ほめ」は承認欲求を最も充足させる言葉ですが、パターンを分類すればおよそ4類型になります。

※賞賛型……「さすが」「すごい」「素晴らしい」「お見事」などの迎合する形。
※共感型……「なるほど」「おっしゃる通り」「ごもっともです」などの相槌的なもの。
※気遣い型……「大変でしたね」「大丈夫?」「お持ちしますよ」などのねぎらい的なもの。
※謙遜型……「恐縮です」「勉強になります」「及びもつきません」などのへりくだり。

前項では「ほめ方」の極意についてお伝えしましたが、勘違いしてはいけないのは、「ほめ」は他人への評価であり、「上から目線」の言葉に他ならない――という事実です。

つまり、本来は、部下が上司をほめるのはタブーになるわけです。

「部長もゴルフ上達されましたね」「課長もエクセルの操作が上手になりましたね」などと聞くと違和感があるでしょう。言われたほうも「なめんなよ」と思いかねません。

そう思われないためには、「部長のゴルフ習得のスピードには驚きました」「課長のエクセル操作の手際のよさには驚嘆しました」などと感嘆のセリフにして、**「事実」のみを指摘する言い方にとどめたほうがよいでしょう。**これなら、上から目線でなくなるからです。

あるいは、「私の場合は、とても部長のようにいきませんでした」と謙遜してへりくだるか、「課長はエクセル操作に何か特別の方法でも編み出されたのでしょうか？」などと驚いて問いかける形でのほめに変換することです。これなら上から目線でなくなります。

目上の人は評価する側で、目下の人は評価される側です。

このことを忘れないようにしないと、思わぬところで「生意気な口を利《き》くヤツ」などと思われかねないのです。ほめは、簡単なようでいて意外に難しいのです。使うタイミングも大事です。特に賞賛型や共感型のほめは、第三者が聞いている場で頻繁に使うと、たちまちお世辞やおべんちゃらに聞こえ、ほめた人間の品格も下げかねないからです。

同じ意味でも、言い方を変えると大違い

同様に、よくありがちで、気をつけたいのが、素人が玄人にベタなほめをすることです。SEの人に向かって「パソコン詳しいんですね」、調理人に「料理作るの上手ですね」。ほめる相手が専門家なので、「知識や技能」を直球でほめると違和感を覚えさせます。それぞれの分野の専門性においては、相手はこちらより立場が上です。

いくら自分がお客の立場としても、これでは上から目線で、傲慢に映りかねないのです。「当たり前だろ、なめんなよ」と思われれば、せっかくの「ほめ」でも悪印象になります。

こんな時には、視点を変えて、**専門家が生み出した「結果（操作性・料理）」のほうに言及すれば、上から目線が避けられます。**「操作環境が抜群によくなり感動しました」「こんなおいしい料理は生まれて初めてです」などの言い回しのほうが、気が利いています。

ほめたつもりが、相手にとっては「脅威」を覚える言葉になりかねないのがほめ言葉なのです。ほめは、相手が自慢や得意に思っていることを、上手にすくい上げて言及すればジャストミートすると思いがちですが、目上の人や専門家には、上から目線にならないように気をつけるべきなのです。あくまで「安心」を届け、好意を得なくてはいけません。

また、**男性と女性に対して、それぞれの異性からの「ほめ方」にも注意が必要です。**

一般的な傾向は、男女それぞれに、次のような「言い回し」が喜ばれるからです。

★男性が好む「ほめ言葉」：「男らしい」「頼もしい」「堂々としている」「たくましい」「物知りですね」「難しいお仕事をされてますね」「こんな素敵なお店は初めてです」「いろいろ教えてください」など。

★女性が好む「ほめ言葉」：「女らしい」「きみのおかげだ」「助かるな」「○○が似合ってる」「素敵な○○ですね」「笑顔がチャーミングだ」「品がありますね」「きみには華があるね」「カワイイな」など。

男性は太古の昔の「狩猟本能」から強さやたくましさを、女性は「採集・保護本能」から、健気さや律義さなど援助やフォローー面を讃えられると嬉しくなるのです。

なお、ほめは伝聞で告げられると、お世辞やおべんちゃらに聞こえず信憑性が増します。「ウィンザー効果」と呼ばれ、「○○さんが、あなたのことを信頼できる人と評価していましたよ」などと他人の口を借りて伝えると、評価した人もそれを伝えてくれた人も好印象になります。ちなみに悪口を伝えた場合も同様に悪意を催《もよお》させるので気をつけましょう。

5 感謝ひとつで敵を消す

感謝はたったひと言で大きな見返りが得られる便利な言葉

すでに「返報性の原理」についてはお伝えしました。

何かの施《ほどこ》しを受けると、その相手にお返しがしたくなる心理です。

これは、受け取るものが、モノやサービスでなくても、言葉だけでも起こる原理です。

お世辞を言われると「いやいや、そんな。○○さんこそ、○○でしょう」などとお世辞の内容を否定しつつも嬉しくなって、相手へのお世辞返しをする光景はよく見かけます。

お世辞と言うのは、「ウソのほめ」ですが、ウソのほめでも人を嬉しくさせますから、使わない手はないのです。元手はタダなので、世渡りには、そこそこ必要でしょう。

なお、心理学的手法としては、お世辞を言われたら、「いやいや、そんな」と照れて否定するのは、よくありません。「ありがとうございます」と相手を肯定し、「○○さんこそ、

○○でしょう」とお世辞返しを行うほうが、相手の言葉への否定がなくてスマートです。
いずれにせよ、リップサービスは、コミュニケーションには欠かせないものです。

ところで、何かの施しを受けても、「ありがとう」の感謝の言葉がない場面もよくあります。職場や飲食店などでは、上司やお客は、部下や従業員からのサービスを受けても、当然のこととして、感謝の言葉が抜けがちになります。

しかし、感謝の言葉は、「ありがとね！」と短く伝えるだけでも、好印象をもたらします。**感謝の言葉を告げられた相手は、嬉しくなってさらにサービスをしたいという返報性がはたらきます。感謝される――というのは、「ほめ」と同じ効用があるからです。**

人の生存本能には、自分の存在を「認められたい、ほめられたい、評価されたい」という「承認欲求」の願望があり、感謝は自分が肯定され、存在を認められることに他なりません。生存本能は「安心できる」と好意を芽生えさせ、相手を味方と認識します。

「好意」と「悪意」は、「安心」と「脅威」の関係で成り立つからこそ、そうなります。

相手に「安心」を植えつける意味でも、感謝の言葉は重要なのです。

何かの施《ほどこ》しを受けても、何の感謝も示さない人は、時として相手に「脅威」を植えつけているかもしれないことに気づかなければいけません。人生では多大な損をしています。

感謝の多い人ほど、返報性の原理で、さらに大きな施しが期待できるからです。

怒りも説教も一瞬で黙らせることができる

感謝の言葉を伝えると、相手は「安心」します。自分の存在への肯定になるからです。

感謝の言葉は、一瞬にして強力なパワーを発揮するわけです。

相手が抱いている、こちらへの「脅威」を、瞬《また》く間に「安心」に変えてくれます。

その証拠に、怒っている人にこの言葉を献じてあげると事態が急転するでしょう。

お客「おいおい、この店はどうなってんだよ。サービスがなってないだろ。注文した料理が来るのは遅いし、やっと来たと思ったら、注文と違ってたんだぞ……（怒）」

店員「申し訳ございません。お客様のお怒りごもっともです。ご指摘くださいまして、まことにありがとうございます。本日のご来店には心より感謝申し上げております」

お客「ん？　ま、今後は気ィつけなさいよ。今日は混んでたようだし……（トーンダウン）」

感謝の言葉は、承認欲求を満たす言葉ゆえに、怒りの鎮静化にも大きな効果があるわけです。あなたがもし、社会人になっているのに、親からの口うるさい説教に悩まされる場面が多かったとしたら、次のように感謝の言葉を口にするだけでストップさせられます。

母親「お前、毎晩酔っぱらって帰るけど、いったい会社に何時までいて誰とこんなに遅くまで飲んで帰るんだい？　まさかブラック企業じゃないだろね、お前の会社は？」
息子「母さん心配ありがとう。大丈夫。ぼくは母さんに、ものすごく感謝してるからね」
母親「ん？　ま、いろいろつき合いもあるんだろうし、気をつけてね……（トーンダウン）」

正面切って、改《あらた》まって感謝のセリフを告げるのは、何だか照れくさいという人は、「嬉しい」「助かった」「ありがたい」といった言葉に代替させるのでもよいでしょう。

「これは嬉しいな」「とても助かりました」「実にありがたいな」といった感じです。

自分の感情をストレートに伝える形でも、相手のサービスや存在への肯定になります。

親切にした人は、喜んでもらえたことに満足し、また親切にしてあげたいと思います。

既述しましたが、人は「好きな人だから親切にした」という認知に整合性があるのです。

メールの挨拶文は、「お世話になっております」という書き出しが多いのですが、これも「いつもお世話になり、ありがとうございます」とはじめたほうが好印象でしょう。

心理学の実験では、依頼書類を回す時、ポストイットに「いつもありがとうございます」とひと言の添え書きの付箋《ふせん》がつくだけで、優先的に処理されることも明らかになっています。

6 相手をあなたのトリコにする

ポイントは、どれだけ相手に話をさせるか

米国において、一代で1000万ドル以上の資産を築いたという人へのアンケートでは、「成功するのに最も寄与した自分の能力」について、「コミュニケーションの力」を一番に挙げる人が多いことが知られています。コミュニケーションは日本語に置き換えると、「知覚・感情・思考の伝達・分かち合い」といった意味になります。

相手と好意的な関係を作るのがうまい人といえるでしょう。

好意的な関係を築けるので、情報交換もスムーズとなり、多くの協力が得られます。

コミュニケーション能力の高い人というと、勘違いしやすいのが、「話のうまい人」「自己アピール力に長けた人」といった誤解です。これだと一方通行の話し手のイメージです。

しかし、実際には、コミュニケーション上手、話し上手、盛り上げ名人、座談の名手と

いった人たちに共通するのは「聞き上手」というイメージになります。

話すのは相手が8割、こちらが2割で、相手の話す割合が多いほど、「あなたと話して楽しかった」「あなたの話は面白かった」などと言われます。自分の興味・関心の高いことの多くを聞いてもらった人が、相手に好印象を抱くのです。相手の話の中のキーワードを上手にすくい上げ、相手に多く話させるようにもっていく人が「安心」を与えられる人だからです。相手に好印象を与えるからこそ、コミュニケーションは円滑になるわけです。

コミュニケーション上手を目指すうえでは、心理学者ロバート・ザイアンスが唱えた「ザイアンスの3法則」を念頭に置いておくとよいでしょう。

①人は、知らない人には、攻撃的、批判的、冷淡に対応する。
②人は、会えば会うほど好意を持つ。
③人は、相手の人間的側面を知った時に好意を持つ。

①は、知らない人は「脅威」を感じるからです。②は「単純接触の原理」で、短い時間でも繰り返し接触の頻度が上がると親しみを覚えます。テレビCMなどもこの効果が大です。ただし、途中で相手に「脅威」を感じて嫌いになったら、この限りではありません。

自分の弱点や失敗談をさらけだして相手の心をつかむ

③の人間的側面というのは、人物の人柄や、人間性のことです。

親しみ深く、親切で友好的な対応であるほど、その人物への好感度は高まります。

では、実際のコミュニケーション場面で、これを表現するには、どんな方法があるのでしょうか。

親切さや温厚な人柄は、表情や態度でとらえられますが、**言葉で自分の人となりをサラリと伝えることは、案外難しいのです。**

よくやりがちなのが、自己紹介のつもりで行う、趣味や特技についてのアピールでしょう。「趣味は盆栽です」「趣味はゴルフです」などと言っても、相手が「へーそうですか」だけで、興味ある反応をしてくれないと、「うちには鉢植えが200ぐらいあるんです」「ゴルフは先月シングルになりまして」などと言い出して、どのみち自慢めいてしまいます。あるいは、「趣味はトライアスロンです」などと紹介して、「うわあ、すごい運動をなさるんですね」といった反応に気をよくして、「去年は沖縄の大会で5位に入賞したんです」などと、これまた自慢ついでに競技やトレーニング解説などで暴走しがちでしょう。

これでは、興味もない話につき合わされる相手にとっては迷惑千万な話です。

人は、「自分語り」をすると、つい自慢し、相手に「脅威」を感じさせがちなのです。どうせなら、自分の「ちょっとした弱点」を語り、相手に安心や優位性を感じ取ってもらうほうが得策です。

※「私は27歳ですが、まだ社歴3年目です。転職したわけでもなく、実は大学時代にお笑い芸人を目指しておりまして、大学を6年かかって卒業したのでこうなりました」

※「実は、私、栃木の実家から通勤しておりまして、毎日電車の往復では3時間かかっております。1年のうち720時間、すなわち30日間は電車内での生活になります」

※「私はそそっかしいもので、よく言い間違いをしてしまうんですが、先日不在の同僚のところにかかってきた電話で、あいにく席をはずしており、と言うべきを、相変わらず席をはずして――と応対してしまったり、八百屋で分葱（わけぎ）を買おうとして、腋毛（わきげ）ありますか？――って大声で尋ねたこともあるんですよ」

こうした赤面ネタは、場を明るくすると同時にユーモアのサービス精神も感じられます。相手がドン引きするような弱点はNGですが、とぼけた弱点やドジな失敗談の小ネタを用意しておくと、ちょっとしたタイミングで使えるので重宝するでしょう。

人間関係を自由自在に操る心理テクニック 7

親密度の高さで分けられる4つの関係性

人に好意を持ってもらうのには、相手に「脅威」を与えず、「安心」を得てもらうことが最も重要——ということは、これまでにも何度も述べてきました。

ところで、イギリスの心理学者マイケル・アーガイルは、人間関係には、その親密度に応じて、「4つのゾーン」があり、それぞれのゾーンを乗り越えることで、親密度を増していく——というモデルを提示しました。

※見知らぬ赤の他人同士の関係で成り立つ「公衆ゾーン」
※職場の上司や同僚、学校の先生などの関係で成り立つ「社会ゾーン」
※友人などの関係で成り立つ「友人ゾーン」

※家族や恋人、親友といった関係で成り立つ「親密ゾーン」

マイケル・アーガイルいわく、**これらのゾーンをいきなり乗り越えて、より親密度の高いゾーンに移ろうとすると、相手は覚醒状態になり、「拒絶」か「受け入れ」の選択肢しかないため、ほとんどの場合、「拒絶」を選択する**――としています。

ゾーンを乗り越えようとすると、相手は驚いて覚醒してしまいますから、親密になりたい人は、相手を覚醒させないようにして、ゾーンを乗り越えなければならないわけです。

これらのゾーンの初期の段階の「乗り越え方」を説いているのが、前項で紹介した「ザイアンスの3法則」でもあるわけです。

毎夕、犬の散歩ですれ違う、同じく犬を連れた散歩の人は「公衆ゾーン」にいるわけですが、何度も顔を合わせるうちに、自然とお互いが「会釈」するようになるものでしょう。

ここではたらくのが、ザイアンスの第2法則の「単純接触効果」です。

そしてそれが続くうちに、どちらからともなく、「おたくの犬種は何ですか？」「うちのは雑種ですよ」「何歳ですか」「もう6歳でおじいちゃんなんですよ」といった会話も交わされるようになるでしょう。ここで相手の人となりも次第に見えてくるのです。

ザイアンスの第3法則がはたらきはじめるわけです（人間的側面を知ると好意を持つ）。

相手との距離を縮める5つのステップ

犬の散歩をする二人は、こうして道端ですれ違い合うだけの「公衆ゾーン」の関係から、会話も成り立つ「社会ゾーン」に入ることができたわけです。人が、相手と親しくなっていく過程は、さらに心理学の「親密化過程のモデル」で見ていきましょう。

★第1段階＝出会い
★第2段階＝親近化
★第3段階＝定着化
★第4段階＝安定化
★第5段階＝相互理解

第1段階の**「出会い」**は、第一印象形成の過程です。人はこの段階で相手のタイプを見定めます。ここでは外見的要素（容姿・身なり）、性格的要素（話し方・態度）、社会的要素（肩書・評判）の3つが判断材料となり、仲良くなれるかどうかの決め手になります。

そして、第2段階の**「親近化」**は、単純接触の「ザイアンスの第2法則」と同じです。

短時間でも接触頻度が増えると安心するため、相手への心理的距離感は縮まるのです。

次の第3段階の**「定着化」**は「共通項・類似性の原理」がはたらく過程です。相手と自分の間にどれだけ共通するものがあり、類似しているかを見極める段階ということです。

人は誰かと話していて、出身地が同じだったり、好きな食べ物や嫌いな食べ物が似ていたり、趣味や共通するスポーツの経験が同じだったりすると、急にお互いが親しみを感じて話が盛り上がることがあります。それがこの「共通項・類似性の原理」です。

相手を似たもの同士ととらえ、共通項が多いほど、仲間意識や味方意識が育まれます。

そして第4段階の**「安定化」**は、お互いの得手・不得手といった分野での補い合う関係です。

相手はパソコンに詳しいけれど、自分は詳しくないとか、お互いが相手の「強み」と「弱み」を理解し相互補完するわけです。

最後の第5段階は、**「相互理解（自己開示）」**の段階です。「実は私は……」とお互いの秘密に属することでも語り合える、お互いが理解し合った親密な関係です。

このように各段階を眺めてみると、これらは意図的な演出をすることでも、相手との関係性を深めていける――ということが実感できるでしょう。

こうした手順を知れば、あなたの人間関係は、いかようにも発展させられるわけです。

8 表情や動作・しぐさで相手の本音を見抜く

相手の「好意」と「悪意」を見極めなければ人生が危険にさらされる

他人が自分に「好意」を抱いてくれているのか、「悪意」を抱いていないかどうか——を見定めておくことは重要です。**世の中には、ほとんど「サイコパス（反社会性人格障害）」に近いと思われる人も、20～30人に一人ぐらいの割合で存在するからです。**

サイコパスの人は、幼少時から残忍で冷酷な心情を有しています。

虫や小動物（小鳥や猫など）を殺して喜んだり、平気で万引きをしたり、成長してからもナイフや鋭利な刃物、拳銃といった凶器に親近感を抱き、平気でウソをつき、他人が騙され悲しみ嘆く姿を見ても内心では楽しみます。成人してからの凶悪犯罪者には、このタイプがほとんどという研究もあります。

罪悪感が希薄な人なのです。自分の生存中心に考えるので、他人の心情には基本的に無理解です。人が泣こうが、苦しんでいようと、自分は何ら関係ないと思っています。

しかし、幼少時に残忍なことをしていたり、ウソを平気でついていても、成長するにつれ、他人の心情も学習していくことで、概念としては理解できるようになっていくのです。

すると、まったく幼少時に見せた顔とは、別人のようになり、むしろ友好的で親切で、人格者のようにふるまう人も出てきて、見分けがつかない場合も少なくないのです。

ゆえに、**どんなに笑顔が素敵で、腰低く柔和な態度で、あなたに接する人がいるからといって単純に信用してはいけないわけです。**まさか――、そんな――、信じられない――といった恐るべき場面が、あなたを襲うとも限らないからです。世の中には、実際そんな事態があちこちに転がっています。家族や身内であっても起こる事件があるのです。

いつの間にか自分の預金が全額引き出されていた――。会社の金を横領された――。再婚に邪魔になったため、わが子を崖から突き落として殺し転落事故を装った――。毎日少量の毒を夫に飲ませて殺し多額の保険金を得た――。寝たきりで認知症を患い始めた親を囲い込み、遺産をより多く独占できるよう法曹関係者を丸め込み公正証書遺言を作成した――。ライバルの同僚社員のカバンに覚せい剤を仕込んで警察に通報し、逮捕させた――。

こんな事例は氷山の一角で、闇に紛れて不明の事件はまだまだ山ほどあるはずです。油断大敵な世の中と知っておかねばなりません。

ココを見れば好意も悪意も一目瞭然

あなたに対する「好意」や「悪意」を相手の仕草や動作で見分けることは重要です。早めに「味方」と「敵」の目星をつけ、「敵」ならば、懐柔する段取りに着手したほうが安心だからです。次のような事例で、ある程度の見当がつくので参考にしてください。

★アゴを上げ気味のまま、こちらを見つめて話す人は、見下しており、支配願望が強い。
★アゴを引き気味にして上目づかいで話す人は、こちらに懐疑と警戒心を持っている。
★机に両肘をつき、口元で手を組み合わせている人は、こちらへの迷いが出ている。
★時折、こちらに向かって指を差すような動作が見られる人は、こちらへの敵意がある。
★時折、机を指でコンコン叩いたり、ボールペンをカチカチさせる人には、苛立ちがある。
★こちらの前に立つ相手が側面に垂らす両手の人差し指だけが伸び気味だと敵意がある。
★目が開いたまま、口元だけ笑う相手は、こちらをどう料理するか思案中の表情。
★笑う時に唇の口角が、左右対称でなく片側だけ上がる人は、軽蔑する思いを含む。
★話しながら、ほんの瞬間だけ、眉間にシワを寄せる相手は内心の悪意を隠している。
★腕を組んだまま話す人は、こちらへの警戒心があり、安心を得たい心境にある。

★掌の内側を平気でこちらに晒す仕草が見られる人は、こちらに信頼感を持っている。
★机の上や太ももの上で手を組み、囲いのような形の人は、こちらを警戒している。
★乾いた唇を一瞬舐《な》めるような仕草を見せる人はウソがバレなかった安堵の場合が多い。
★額を手で撫でる人や、眉間に指を這わせる人は、落ち着いてよく考えたいと思っている。
★唇に力が入り、真一文字やへの字になっている人は、不満の気持ちを抑えている。
★時折、小鼻が動くのは興奮して酸素を多く吸おうとする動作で怒りや反発心がある。
★こちらの顔をよく見ないで、目をやや下向きにして丁寧な言葉を使う人は自信がない。
★片耳を触ったり、首を回すような仕草の人は、こちらに興味がない。
★頭の後ろで両手を組む人は、安心してリラックスし、こちらを信頼している。
★顔がやや横向きのまま、こちらに斜めの目線を送る人は、敵愾心《てきがいしん》を燃やしている。
★密かにこちらを観察する目線で見つめる人が同性の場合、敵視している可能性が高い。
★握手の時に熱意の感じられない人は、こちらに関心がないか、内気で内向的思考の人。
★前のめりの姿勢で正面を向き、こちらの話に相槌を打つ人は、好意があり友好的。
★テーブル下のどちらかの脚先が正面を向かず、違う方向を向いていたら退屈サイン。
★テーブル下の両足が脚先でクロスされていたら、こちらに対して、安心し好意的。
★テーブル上のカップやグラス、小物を脇にどかし、前面を開放していたら話に前向き。

9 口癖から心と性格を透視する

口癖が性格と行動習慣に影響を与えていた

仕草や動作の「癖」と違って、「口癖」がその人にもたらす影響は大きいものがあります。性格や行動習慣に変化をもたらすものだからです。

そんな馬鹿な――とお思いかもしれませんが本当です。

日本には、言霊《ことだま》信仰があります。言霊とは、言葉そのものが持つ魂や霊性のことです。

毎日がつまらない――などと愚痴っていると、ますます、やることなすことつまらなく思えてきて、しまいには生きる屍《しかばね》のような生気のない人間になり果ててしまいます。

こうした現象をとらえて「言霊効果」というフレーズまであるのです。

潜在意識に「毎日がつまらない」という暗示が鮮明に刻み込まれていった結果、生存本能レベルにまで浸透し、生命エネルギーの消耗を招くからだといわれています。

暗示の言葉の影響力は絶大なのです。「引き寄せの法則」という宇宙志向の考え方でも、同じことが指摘されています。自分の願いを現実に引き寄せるには、アファメーション（肯定的な宣言）が重要で、その繰り返しで潜在意識にプラス思考を浸透させていく――というものになっています。例えば「お金持ちになりたい」というアファメーションでは、現在が「貧乏」という現状認識を潜在意識に植えつけますから、「私のところにはどんどんお金が集まってきている」などの現在進行形の暗示が有効とされています。

「どうせ」「やっぱり」「仕方ない」「どうにもなんない」といった諦めの愚痴を、口癖として使っていると、自分の可能性の芽をどんどん奪い取ってしまうわけです。

だからこそ、口癖は気をつけなければいけないものでしょう。悪い暗示がはたらきかねないからです。身近な人に、自分に何かマイナスの特徴的な口癖がないか尋ねてみるとよいでしょう。すると意外な答えが返ってくるかもしれません。

「きみの口癖は、何か問題に対処する時にいつも、『しっかりと』という言葉をつけて対処しようとするけど、ちっとも『しっかりと』できたためしがないよね。『しっかりと』というセリフさえ入れておけば、信用されると浅はかに思って使ってるだけだから、そうなるんだよ。きみの『しっかりと』は無責任な免罪符代わりのセリフだと思うよ」

こんな本音を見透かされた答えが返ってきたら、悪い口癖は封印すべきでしょう。

口癖のパターン別でわかる性格と行動習慣

口癖は、その人の個性や性格、行動習慣と結びつきやすいものです。ここではひと通り、代表的な口癖の背景にあるパーソナリティーを分析していますので参考にしてください。

★「くそっ」「ちくしょう」……幼稚で短気な性格。感情が出やすく冷静さに欠ける。
★「えーと」……自信がなく、味方がほしい願望がある。依存心が強く、甘えん坊タイプ。
★「なるほどね」……共感はただのポーズで自分の主張にこだわりのあるタイプ。
★「っていうか」……わがままで幼児性が強い。自分の主張を貫きたい自己中心的タイプ。
★「やっぱね」「やはり」……物事を深く考えない楽天家。計画性に乏しい、気まぐれ型。
★「考えとく」……断るのに躊躇しない意志強固な人。協調性に欠ける頑固者タイプ。
★「忙しい」……自分の存在をアピールしたい目立ちがりやで寂しがりやでもある。
★「一般に」「常識的には」……自分の意見を一般化して押しつけたい、わがままな性格。
★「ちなみに」……補足情報をつけ加えたい親切心と知識自慢が同居した、くどい性格。
★「要するに」……面倒臭がりでせっかちな性格。場を仕切るのが好きで統率願望がある。
★「でも」「だけど」……ネガティブ志向の自己愛の強い性格。優柔不断で殻にこもる。

★「たしかに」……相手に共感すると見せ、自分の意見に固執する自立心旺盛なタイプ。
★「まあ」……自分に自信なく、その場を取り繕ってお茶を濁したい無責任な気質。
★「とりあえず」……間違ったり、失敗しても責任を取りたくないタイプ。平和志向。
★「あのね」……正直で無邪気。幼児性が抜けない気質で、裏表のない正直者タイプ。
★「かわいい」……自分が「かわいい」とほめられたい願望を秘めた、寂しがりや。
★「〜かな」……断定してモノを言わないのは争いごとを好まない、腹黒い性格のため。
★「絶対」「必ず」……根拠がなくても自分の見通しを誇示するわがままな無責任気質。
★「そうだろ」……常に相手より優位に立ちたい負けず嫌いの性格。反逆心旺盛。
★「すごい」……ミーハー気質で、熱しやすく冷めやすい性格。単純思考が好きなタイプ。
★「変な話」……自分の考えに自信がないものの否定されたくない気弱な性格。
★「悪いようにはしないよ」……自分優先。ウソを平気でつく傾向の性格。利に敏い。
★「きみのためだよ」……「自分のため」のすり替え。冷酷な心情で狡猾な性格。
★「いちおう」……変化や変更を嫌う頑固者。優柔不断でプライド高く、煮え切らない。
★「ここだけの話」……自分の話に価値があるように装い、見返りを求める打算家。
★「わりと」……思い込みの激しい性格で疑心暗鬼になりやすいタイプ。視野が狭い。
★「なんか」……相手に依存しやすい幼児性タイプ。細かいことが苦手な面倒臭がりや。

一瞬で相手を呑み込む!「初対面時のワザ」

初対面の挨拶の時、握手を交わす日本人は少ないでしょう。握手は、欧米では当たり前の習慣ですが、日本では根づいていません。

それだけに、日本では「はじめまして、どうぞよろしく」と手を差し出しただけで、相手は一瞬たじろぎます。慌てて相手も手を差し出して、握手に応じることになるでしょう。

実は、この瞬間に、握手を求めた側が主導権を握ってしまいます。

交渉は「私が主導しますからね」という暗黙のメッセージが、相手の潜在意識に刷り込まれるからです。

手を差し出され、慌てて握手に応じたことが気後れを生じさせ、相手に呑まれたことが無意識に刻まれるのです。さらに握手を効果的にするには、手のひらを横にして出さず、やや手のひらを下向きにして出すことです。すると相手は、少し手のひらを上向きにして握手することになります。すると、相手の無意識には、上から圧迫され、「ねじ伏せられた」という印象が強く刷り込まれます。

第2章

相手の行動を自在に操る

無茶な要求を前向きに引き受けさせる技術

「自己重要感」を否定すると反抗心を生んでしまう

自分のことを、欠点も長所もすべて丸ごと大事な存在と考えることが、「自己重要感」です。ゆえに、上から目線で見下されたり、罵声を浴びせられると人は著しく傷つきます。

自己重要感が揺らいでしまうからです。どうせそうだよ――、ダメなんだ自分は――などと少しでも思いはじめると、自己肯定感も下がり、しまいには、やさぐれて不貞腐れるばかりになります。相手への反発心から、心の奥底に反抗心まで植えつけてしまいます。

上司が部下に、無理筋の要求をする時は、命令口調になりがちです。

上司「いいか、お前な。今週中に何が何でも注文取ってこいよ、何が何でもだ！」
部下「は、はあ……、な、何とか……が、頑張ってみます……」

有無を言わせぬ恫喝《どうかつ》型の命令で叱咤《しった》した例です。これでは、部下に前向きの力は湧き起こらないでしょう。自己重要感が持てず、とりあえずいつも通りの努力をするだけです。このような形でモノを言われ続ける限り、余計に頑張りたいとは思えないからです。

同じことを要請するのでも言い方を変えるだけで、部下の受け止め方も変わります。**誘導的に質問するだけでも相手も受け入れやすくなり、あなたの要求を通すことができるのです。**

上司「きみな。今週中には、何とか注文取れそうかな？」
部下「は、はい。今週中なら何とか、注文取れるかと思います……」

部下の返事は、自分で注文が取れるか、取れないかを判断しての答えになります。そんなことはわかりません——と言いたいところですが、一応、自問自答して、自分の出した結論を肯定的に伝える形になります。

一方的に恫喝型で命令されて、無理やりイエスと言わされるのとは異なり、かろうじてメンツも保たれ、これなら当面、自己重要感が揺らぐこともないでしょう。

相手をうまく乗せてコントロールする要求の仕方

「命令形」を「質問形」に変えただけでも、受け手の印象は大きく変わるわけです。

次のように、さらに「期待感」を乗せた質問にすると、相手も前向きになるでしょう。

上司「きみなら、今週中に何とか注文取れるよな?」

部下「は、はい、何とかしたいと思います」

こちらも質問形ですが、前よりもっと肯定的な質問です。聞かれた部下は、やはり、注文が取れそうか、取れそうでないか——を自問自答してから答えるでしょう。

「きみならできるはず」という信頼と期待が寄せられたぶん、期待に応えたいという能動的な回答が得られやすいのです。人は、期待されると、「返報性の原理」がはたらき、期待に応えたいと反応するからです。

部下に下駄を預ける形で、ソフトに質問するのでも目的は達せられます。

上司「今週中に何とか注文を取ってくれると助かるんだけど、どうだろう?」

部下「はい、何とか頑張ります」

部下に意向を問う形で、上司がへりくだっていますから「意向打診型」になります。

部下の意向に配慮して判断を委ねられるとその配慮には肯定的に答えたくなるのです。

さらに人物を限定し、部下を持ち上げる形でも効き目があります。

上司「今週中に注文が取れそうなのは、きみしかいないんだ、何とか頼むよ」

部下「わかりました。何とかしましょう」

「きみしかいない」「きみだけが頼り」と自尊心をくすぐられると請け負ってしまいます。

また、プライドの高い部下なら、「ほめて・けなす」のでも効果があります。

上司「成績ナンバーワンのさすがのきみでも、今週中に注文取るのは無理だよな？」

部下「いえ、そんなことはありません。チャレンジして何とかしますよ」

言い方ひとつで、部下は自らの意志に沿って動くようにもなるわけです。

2 嫌みや皮肉をシャットアウトする方法

人は人として対等な立場という認識＝アサーティブという生き方

人は人として尊重され、その相互の関係は対等なものでなければなりません。
あなたが誰かに、一方的に従属させられるといった形は、本来あってはならない、人の立場としては間違った人間関係なのです。

しかし、世の中には、３パターンの人間タイプが存在します。

★アグレッシブ・タイプ（積極的・能動的・攻撃的・支配的なタイプ）
★パッシブ・タイプ（消極的・受動的・防御的・従属的なタイプ）
★アサーティブ・タイプ（自立的・行動的・中立的・対等なタイプ）

これらのタイプは、すべて誰にでも備わっているものです。状況によってタイプ別に分かれるだけです。

例えば、会社ではパッシブ・タイプで、腰低く受け身で従順な態度の人でも、家に帰ると家族の前ではアグレッシブな暴君であったりします。

この3類型のタイプの中で、最も望ましい「人としての態度」はアサーティブ・タイプでしょう。

アサーティブとは、1950年代から、米国で生まれた「対等な関係における自己主張」という日本語訳になる、人間尊重の考え方から生まれた模範的行動指針になります。

相手に対して支配的に振る舞うことなく、対等な関係性のもと、相手もOK、自分もOKという自己主張を許容する立場を表わします。

相手を人として尊重するとともに、自分も人として尊重されなければならない――ということになります。

米国では、人種差別、男女差別、マイノリティー差別、企業下における人間の上下差別といったことが、しばしば問題となり、アサーティブという概念が生まれたのです。

これは、他人を束縛したり、支配したりしないことはもちろん、自分自身もそうした束縛や支配から自由になり、自立的に行動することを意味しているわけです。

質問と沈黙を使いこなして攻撃を一切させない

あなたに皮肉や嫌みを言う人は、もちろんアサーティブではありません。攻撃的で、あなたに「脅威」を与える態度だからです。相手が傲慢で、無礼な態度をとってきた時に、それを指摘してやめてもらうことがアサーティブになります。

相手の人間性を非難するのではなく、相手の発言そのものを取り上げて、「その発言は不快だからやめてほしい」と指摘しなければいけないわけです。

へらへら笑う照れ隠しで応じたり、挑発に怒って「なんだよ、お前ケンカ売ってんのか」と攻撃的に応じたり、聞こえなかったフリをしたり、うつむいて黙ったままで耐え忍ぶ——といった対応はアサーティブではないからです。

こうした対応は、相手の思う壺で、相手を「いい気」にさせ増長させるだけだからです。

しかし、パッシブ・タイプで応じることの多い人は、相手が恐ろしくて、不当発言への指摘ができないというのも事実でしょう。

有効な方法は、「それ、どういう意味?」と短く質問することです。

これなら、一瞬相手に反撃したように見えますが、それでいて発言趣旨だけを問題にする態度ですからアサーティブです。これぐらいなら、勇気を奮《ふる》えば言えるでしょう。

同僚「お前さあ、床屋行ったんだろ。髪切ったら、一段と貧相な顔になったな（笑）」
自分「それ、どういう意味？」
同僚「え？　ど、どういう意味って、お前の顔の感想を親切に教えてやったんだよ（笑）」
自分「ほう…………………………（沈黙してじーっと相手を凝視する）」

人は不意打ちで質問されると、すぐに答えなければ――と焦ります。

その上、「どういう意味？」などの真意を問う質問は、言葉に詰まり慌てさせられます。


これだけでも、相手の意識は攪乱《かくらん》されます。

言いっぱなしで、からかってやろうと思っていた時には、特にそうなるでしょう。

あなたが、質問してくるなど、想定していなかったのですから、ドキッとなるはずです。

あとは、相手の答えなど無視して沈黙したまま、じっと見つめていればよいのです。

沈黙されたまま、じっと見つめられると、誰しも不安になります。

相手が何を考えているのかわからなくなる「コミュニケーション遮断法」だからです。

こうした質問を発するだけでも、相手はあなたに一目置き、攻撃してこなくなるものなのです。従属するタイプでないことを、はっきりと相手に示せたからに他なりません。

大衆を誘導する技術 3

「一番人気！」「ナンバーワン！」に人は流される

グループのミーティングで、ああでもない、こうでもない——と意見の収束がつかない場面があります。そんな時に効き目があるのが、一番人気で決める方法です。

A「俺たち仲良しグループの卒業旅行は、残り少ない大学時代の最後の思い出になるものだよ。費用の安さから言えば、近場の中国や台湾、韓国でもいいけど、やはり、社会人になってから、そうそう行くことのない遠いヨーロッパの主要国をメインにするとかが、貴重な思い出として残っていいんじゃないの？」

B「うちの親は、イギリスやドイツ、フランスはテロが心配だから行くなって言うかも」

C「親は関係ないだろ。俺はやはり、イタリアのローマやギリシャの古代遺跡が見たいな」

D「俺はインドがいいな。何たって、そうそう行くこともないから、いい思い出になる」
E「何だよ。全然行きたいところが違って、まとまらねえじゃん。どうすんだよ」
A「そうだ、ネットで検索して、卒業旅行の行き先人気ナンバーワンの場所にしようぜ」
B「あ、それいいな！ どれどれ見てみよう。えーと……あった！ アメリカだ。その中でも西海岸が一番人気だ。これにしようぜ。これで決まりだよ！」

このように、一番人気を持ち出せば、有無を言わせぬパワーが発揮されます。

ナンバーワンという響きには、みんなの支持が集まっているという「集合パワー」での説得力がはたらきます。よほどのへそ曲がりでない限り、同調志向が刺激されるのです。

ケーキ屋さんのショーケースには「当店一番人気」のポップが表示されており、家電量販店にも「冷蔵庫・売れ筋ベスト3」などとランキング表示があって、自分の頭であれこれ比べて、悩まなくてもよい仕掛けが施されています。

心理学では「バンドワゴン効果」として知られる原理ですが、人はみんなと同じだと「安心」だからです。バンドワゴンは楽隊車のことで、パレードの先頭で音楽を鳴らして隊列を率います。道筋をつける役割から「多勢に与《くみ》する・時流におもねる・勝ち馬に乗る」という意味になります。多数派に参じ、流行に乗り、勝てそうな候補者に投票するわけです。

「みんな」は人を乗り気にさせる魔法の言葉

人はとりわけ「集合・同調パワー」に気押されます。

例えば、約束したことを途中で変更しようとする人には、「みんなで決めたことだろ？ 今さら何を言うんだよ！」と牽制できますし、子供は親に玩具をねだる時「みんな持ってるから買ってよ。持ってないの僕だけなんだよ」と仲間外れになることをほのめかして脅迫します。

「皆さん、もう会議の席にお着きですよ」と聞かされると、焦って会議室へと走らされます。

「A製品とB製品でお迷いですか？ A製品のほうが人気がありますよ」と言われると、A製品を選んでしまいます。

「A社様も、B社様も、C社様も、当社の会計ソフトを導入いただいております」と奨められると、うちも導入しなきゃ――と思います。

「10万部突破！」と記された書籍の帯を見ると、みんなが読んでるんだ――と思って、読んでみようかな――と手に取ってしまいます。

「きみが、うちの会社で一番かわいいって、うちに出入りしている他社の営業マンがみんな言ってるよ」と聞かされると無性に嬉しくなります。

「うちが、サービス残業が多いブラック企業だから辞めたいというのか？　きみは世間知らずだな。今や日本中の企業が、みんなブラック企業で、どこへ行っても同じだぞ」と引き留められると転職するのはやめようか――と躊躇させられます。

こうした傾向は、とりわけ日本人に多い気質と言われます。

農耕社会の「村八分」の伝統のなごりでしょうか。他人と違うことを恐れるのです。

みんなと同じ方向を向いているのが、「安心」できるのです。

赤信号みんなで渡れば怖くない――というわけです。

「集合パワー」を意識させると、あえなく個別志向は撃沈させられます。

4 決めつけ癖がある人を誘導する質問法

そもそも自分が誤解していることに気づいていない

「ＮＬＰ」というコミュニケーションの問題解決手法があります。

米国で近年開発された「神経言語プログラミング」の略で、実践心理学と言語学を融合させた新しい人間関係洞察のアプローチ法です。

人は何かの壁にぶつかり、悩み苦しみ、いろいろ迷った末に、「そもそも○○が問題なんだ」と意外にシンプルな答えを見つけ出すものです。ただし、これは単なる固定観念に過ぎないものです。これをＮＬＰでは、「名詞化」と呼んでいます。

そもそも、「○○が原因」「○○が問題」と決めつけてしまうことで、実際の物事における「誰が誰に対して何をどのように行ったか」という動詞的要素が抜け落ちてしまいます。

これは、省略、歪曲《わいきょく》、一般化の結果としてこうなったからです。

こうした決めつけの結果、人はかえって問題の本質が見えなくなることが多いのです。

これを気づかせるには、「なぜ、そう思うのですか？」「どうしてそう考えるのですか？」「いつからそう思うようになりましたか？」などと細かく質問していくことで、個別的事例を整理して考えさせる必要があるのです。

人は、言語（バーバル）だけでコミュニケーションをとっていると思いがちですが、実際には言葉で伝わることは、ごくわずかしかないことにも気づかなければいけません。

現実には、表情や動作、態度といった非言語（ノンバーバル）で、コミュニケーションしている場合が多いのです。

そのため、言葉だけで相手の価値観をとらえていると、誤解が生ずることが多くなります。「結局はお金の問題」と聞かされると、お金が不足していると思いがちですが、人によっては、そうではなく、お金の使い方に問題がある場合だってあるわけです。

省略化された言語のやり取りには、このように多くの問題を含み、誤解してしまうことも多いのです。ゆえに、「なぜ、そうなったと思うの？」「それはどうして？」と丁寧にペーシング（相手のペースに合わせる）しながら、相手の価値観に迫ることが大事なのです。

すると、相手も、自分の誤った固定観念に気づくこともできるわけです。

相手の固定観念を切り崩し、問題の本質に正しくアプローチさせれば視界も開けます。

「なぜ？」「どうして？」と聞いて主導権を握る

質問には、オープンクエスチョンとクローズドクエスチョンがあります。

オープンクエスチョンは、自由に好きなように応えられる質問で、「休日は何してるの？」といった質問です。相手は自由にイメージして回答できます。

クローズドクエスチョンは、「リンゴは好きですか？」と尋ねて「はい・いいえ」で答えさせるか、「リンゴとバナナのどちらが好きですか？」と尋ねて、どちらかを答えさせるもので、回答が限定される質問です。

日常会話は、オープンクエスチョンとクローズドクエスチョンの組み合わせで成り立っていますが、**ＮＬＰ式に相手の固定観念を解きほぐしていく時には、できるだけオープンクエスチョンで質問していくほうがよいでしょう。**クローズドクエスチョンが多いと、刑事部屋での警察官と被疑者の尋問のようになってしまうからです。

相手と議論になった時にも、相手の主張に対して、「なぜ、そう考えるのですか？」「どうしてですか？」と質問を繰り出すのは非常に有効です。相手を固定観念から解放させることに役立つとともに、ひと息つけるからです。人は、質問されると無意識に答えなければと反応するからです。

「なぜ？」と唐突に理由を聞かれると、一瞬答えに詰まります。

そこで間が空き、改めて考えを整理しながら、回答しなければならなくなるからです。

うまく答えられない場面では、相手は言葉に詰まります。

答えを求められると、求められた側は、回答せざるを得ない場面です。

相手がどうにか回答した内容に、再び「それも、どうしてそうなの？　一体なぜ？」などと続けて質問すると、相手はなおも答えを求めて考えなければならなくなります。

つまり、この段階で、持論を展開していた相手が持っていた主導権が、いつの間にか、こちら側に移ってしまうという逆転現象も起こっているわけです。

会議の場でも、質問をすればするほど、相手の価値観が露《あら》わになるとともに、会話の主導権はこちらに移っていくのです。

刑事裁判では、検察官と弁護人が相互に被告人に質問し、事件の本質に迫ります。

巧みな質問を繰り出し、固定観念を破る回答を引き出したほうが勝利を手にします。

相手にペーシングしながら、相手の話をしっかり傾聴し、「なぜ？」「どうして？」の質問を適宜《てきぎ》差しはさむことで、相手の固定観念を打破していけば、こちらの意図する方向へと、相手の考え方を誘導することも容易になるわけです。

5 「常識外れの言葉」で説得力を上げる話術

意表を突いて「続きを知りたい」と思わせる

誰もが、常識と思っていることと、反対のことを言われると、「ええっ？」と驚きます。

※「学校は勉強するところなんかじゃないぞ！」
※「仕事を真面目にコツコツやってたって出世しないぞ！」
※「一代で金持ちになりたかったら、大口の借金をしろ！」

意表を突く主張なので、「何で？」「どうして？」と驚きます。
注目度が一気に上がるわけです。頭の中には「？」マークが広がります。
常識と思っていた「認知」が歪み、「認知的不協和」の状態に陥《おちい》るからです。

認知が不協和だと不快ですから、その理由を早く知り、認知を協和させたくなります。
そこで、次のように続けられると、妙に腑《ふ》に落ちるのです。

※「学校はなあ、勉強するところなんかじゃないんだ。考える力を養う場なんだ！」
※「仕事はなあ、コツコツじゃなく、いかに要領よく処理できるかが出世の肝なんだ！」
※「一代で金持ちになるにはなあ、借金でレバレッジ（てこの原理）を目一杯効かせて投資で勝負しないと、いつまでたっても貧乏人のままなんだ！」

こう言われれば、「なるほど」と妙に得心がいくでしょう。その謎が解けるからです。
ストレートな物言いでは、心に響かなかった言葉でも輝きを放つのです。

※「学校は、考える力を養うことが主眼の場所ですよ」
※「仕事は、真面目にコツコツやる人より、要領よくこなせる人が出世するんですよ」
※「大口の借金をして、レバレッジを効かせた投資をしないと金持ちにはなれません」

はじめからこんな「物言い」では、ありきたりなので、ちっとも心に響かないでしょう。

文句ばかりの人でも「認知の不協和」でラクに説得できる

逆説でモノを言うと、説得力が格段にアップするのです。

上司「山田くん、おめでとう。子会社への出向は、山田くんに決まったよ」

部下「えっ？　な、何がめでたいんですっ？　出向したら、いずれ転籍でしょ！（怒）」

上司「何を言ってるんだよ。きみは、出向＝転籍だと思っているのか？」

部下「だってそうでしょ！　課長はぼくのことが嫌いで飛ばしたんでしょ！（涙目）」

上司「バカだな、お前。リストラじゃないんだぞ、これは。将来の幹部社員養成のための選抜育成プログラムによるエリート社員出向だ。わしが推薦してやったんだぞ！」

部下「えっ？　な、何ですか、その選抜育成プログラムってのは？」

上司「何だ、知らんのか、わが社の２代目新社長が今度打ち出したプロジェクトだ！」

部下「は？　そ、そんなのできたんですか。そ、それって本当なんですか？」

上司「ああ、本当だ。まったく、きみには危うく逆恨みされるところだったな、ワシ」

部下「それは、大変失礼いたしました。課長、ご推薦いただき、ありがとうございました」

上司「うむ。わかればいい。ガムシャラに働いて、立派な幹部として戻ってきてくれよ」

これでひとまず、わあわあ騒ぎそうな部下を丸め込んで、愚痴やゴタクを並べさせずに出向を納得させられます。ウソも方便として認知の不協和を利用すると、こうなります。ストレートにリストラの一環だから理解してくれ——と言ったのでは恨まれます。部下の心配を逆手に取るからこそ、ひとひねり効かせたトークが意味を持つのです。

人はこれまで、自分の常識や習慣としてとらえていたことと、矛盾する事態に見舞われると、認知が歪んで不快になります。タバコは、健康に害がある——というのは、今日では常識になっています。喫煙者は、健康に害があるのに吸っているのは認知に不協和が生じ不快です。そこで、禁煙できれば認知は協和します。しかし、禁煙できない人は不快なままなので認知そのものを変える他なくなります。

「ヘビースモーカーでも長生きの人は大勢いる」「喫煙は、精神面の安定に寄与するメリットが、健康を損なうデメリットより、はるかに大きい」などと考えて、心の安定を得ようとするのです。**認知の不協和は、不快なので解消したい強い衝動が起きます。**

書籍のタイトルに『医者に殺されない47の心得』などとあると、たちまち認知は不協和を生じます。そして、手に取って読みたくなるのも認知的不協和がそうさせるのです。

6 「数字の見せ方」で印象操作する黒いテクニック

数字力で印象アップも人を説得するのも思いのまま

人には「思考の枠組み（フレーム）」があります。

同じモノや状況を見た場合でも、とらえ方は、人それぞれです。

待ち合わせの場所に、遅刻した部下に対して、「コイツは、上司のオレを、5分も待たせやがって」と思う場合もあれば、「コイツは、今日3件もクレーム処理に当たって、よくまあ、ほとんど時間どおりに来るなんて大したものだ」という場合もあるでしょう。

事前情報を得ていた場合や、その時点の状況次第で、思いも変わります。

したがって、**5分程度遅刻する見込みの時は、「申し訳ありません。かくかくしかじかで、15分遅れます」と途中で連絡を入れ、遅れを多めに伝えるべきです。**

遅刻された相手が、待たされて苛立《いらだ》つのは、「従属の心理」を強いられ不快だからです。15分遅れる——と伝えられて、5分程度で相手が到着すると、相手の「頑張った感」が窺《うかが》えるため、その分「承認欲求」が満たされ、不快感も軽減するからです。

つまり、「思考の枠組み」を変えるのに、「数字」をうまく使うと効果テキメンなのです。

業績アップをアピールする時には「前期の営業利益率1％が、今期は2％になりました」より、「営業利益率が、前期の2倍にまで改善しました」と言うほうがインパクト大です。

プロジェクト推進をアピールする時には、「失敗の確率は10％以下にすぎません」より、「成功の確率は9割以上あります」のほうが、安心させられます。

かつて農林水産省は、省益を守るため、多くの国が使っていない「カロリーベース」などという指標を設け、「日本の食料自給率は39％しかなく先進国中で最低。食料安保上、重大な危機！」と宣伝していましたが、批判を受けて世界標準の「生産額ベース」に換算した数値も出すと、「日本の食料自給率は66％（2015年度）」もあり、中国、米国、インド、ブラジルに次ぐ、世界第5位の農業大国でした。さすがに日本の官僚は優秀です。

心理学の「フレーミング効果」を巧みに操り、国民のミスリードもお手のモノです。

多くの人がダマされている数字トリックの秘密

数字を使った「フレーミング効果」は、ありのままの無機質な客観的データに見えるので、人の錯誤を誘いやすいのです。**単位替えやモノの置き換え効果を利用すれば、イメージ操作も容易です。**すっかり有名になったものには、次のようなものがあるでしょう。

※「タウリン1000ミリグラム配合」→「タウリン1g配合」
※「本日は50人に1人、お買い上げ商品代金が無料」→「該当者2％（100人に2人）」
※「レタス10個分の食物繊維」→「3・2g相当（レタスは食物繊維が特に少ない野菜）」
※「レモン50個分のビタミンC」→「1g（レモン1個20ミリグラム換算×50個）」
※「3万円の浄水器は、3年分割払いで1日たったの28円。一生分の健康が買えます」
※「ご愛用者100万人突破」→「人口1億2690万人の0・8％（約130人に1人）」
※「年末ジャンボ宝くじ・100万円以上当選者5千人」→「当選確率10万分の1以下」

スーツの量販店に行くと、「2着目1000円！」とか、「2着目半額！」などの表記をよく目にします。1着買うだけより、2着買うほうがオトクに見えますが、本当にオトクなのでしょうか。

A店では、激安セール展開中で、スーツを1着9800円で売っています。

B店では、1着1万6000円ですが、「2着目は1000円」なので、2着買えば、1着当たり8500円になり、お客にとっては、B店で2着買ったほうが1300円トクします。仕入れ値がいずれも同じ3000円のスーツだった場合で比較してみましょう。

A店の粗利益は、売価9800円－仕入れ値3000円＝粗利6800円

B店の粗利益は、売価17000円－仕入れ値6000円＝粗利11000円

スーツは、1着売るより、2着で売ったほうが、お客もお店もトクすることがわかります。スーツは販売時のコストが非常にかかる商品だからこそ、まとめ売りがトクなのです。スーツは1着売るのでも、販売員がつきっきりで採寸やら裾直しなど手間がかかります。しかし、いっぺんに2着売れれば、人件費などの追加コストが要らず、1着分ですむことになります。2着買ったほうが、お客にとってはオトク――と思わせて、実は販売側のほうがはるかにオトク――という、非常にうまい数字トリックを仕掛けているわけです。

7 交渉を優位に進めるための「主導権を奪う」方法

「お願いする側」から「お願いされる側」になって主導権を握る

交渉は、「お願いする側」よりも、「お願いされる側」のほうが優位に立てます。

お願いする側は、「そこのところを何とかお願いしますよ」と求める立場です。

お願いされる側は、「いやいや、そこは譲れませんね。勘弁してくださいよ」と突っぱねることも可能な立場ですから、当然の成り行きでそうなります。

しかし、ちょっとした攻守を入れ替えるワザを使えば、この関係は逆転させることができます。それには、相手側から「新たな条件」を引き出すことが肝になるでしょう。

店員「お客さん、冷蔵庫をお求めですか？　こちらは新製品となっています」
お客「しかし、高いな。ネットで買うほうが安いわ。もっと負けてよ、お願い！」

店員「お客様。新製品ですから、お値引きはちょっと。でも、ポイントおつけしますよ」
お客「ほう、ポイントですか。じゃあ、どれだけ上乗せしてくれるの？」
店員「3ポイントついてますので、2ポイント上乗せで5ポイントでいかがです？」
お客「たったの5ポイント？　お願い、10ポイントつけてよ。だったら買うから」
店員「いやあ、それは無理です。ネットもそこまで安くないでしょ。無理ですね」
お客「あっそー、じゃ、買わないよ。ネットで買ったほうが配送料とかも安いしね……」
店員「あのう、お客さん。じゃ、3ポイント上乗せで、6ポイントでどうです？」
お客「いやあ、まだ不足だな」
店員「じゃ、あと1ポイントで計7ポイント！　これならいいでしょ、お願いしますよ」
お客「うーん、7ポイントね。どうしようかな……」
店員「ね、お願いしますよ、お客さん。これがもう当店の限界なんですから」

「お願いする側」だったお客が、いつの間にか、店員から「お願いされる側」になりました。交渉の相手側の店員も、本音では交渉を成立させたいと思っていたからです。

そうした本音をいかにうまく、くすぐっていくかで勝負の行方は決まるわけです。
お客の側も、新しい条件次第では、「買う」という気配を見せつけることが大事です。

相手側の妥協を引きずり出す「ちゃぶ台返し」

交渉では、お互いの妥協点を探るのが肝になります。

お互いが、妥協点を見出せないと、交渉は決裂するからです。

他にも、「お願いする側」から、「お願いされる側」に入れ替わるワザはあります。

次は、大口取引における土壇場での「ちゃぶ台返し」の場合です。

営業マン「あのう、明日の契約が難しくなったとは、どういうことでしょうか？」

町工場主「昨日不渡り食らっちゃったんですよ。１５０万円も……」

営業マン「ええっ？　そ、そうなんですか……」

町工場主「なので、おたくの７５６万円の機械の購入契約は難しいなと思ったんです」

営業マン「そ、そんな。そういう時だからこそ、新規の機械で稼ぎましょうよ」

町工場主「他人事だと思って気楽に言わないでほしいな。１５０万もの大損害なんだよ」

営業マン「そ、そりゃそうですが……。ここまできてご破算にするんですか……」

町工場主「ま、しょうがないでしょ。うちにとっては１５０万円は存亡の危機ですからね」

営業マン「せっかく融資も通ってるんですよ。そうおっしゃらないで何とか……」

町工場主「大体おたくの機械は高いからね。消費税分も負けてくれないし……」
営業マン「あ、じゃ、今回特別に消費税分考えますよ、ね、それでどうでしょう？」
町工場主「今ごろ、そんなこと言われてもね。不渡り食らって資金繰りが大変なんだよ」
営業マン「消費税56万円の値引きで、１５０万の損害が94万円の損害に軽減しますよ」
町工場主「ま、そうだけど……。じゃ、今回の機械は７００万にしてくれるの？」
営業マン「ええ、もう……、うちも腹くくって、応援しますよ」
町工場主「ほう、そこまで言ってくれるなら、契約しましょうかね」
営業マン「ははっ、ありがとうございます」

機械設備や不動産といった高額な取引契約は妥結するまでの交渉に時間がかかります。そして、時間と労力がかかるほど、「この契約をまとめたい」と思うようになるのです。今までの努力を無駄にしたくないからです。こうして費やした努力は「サンクコスト（埋没費用）」と言われます。**時間や労力や金を費やすほどに妥結させたいと執着します。**

これが「サンクコストの呪縛作用」です。通常、土壇場で「この契約や－めた！」と言うと相手は怒ります。怒らせないためには、不可抗力の被害（不渡り）を受けたことにして同情させます。すると最後は、相手も「お願いする側」になって譲歩してくれます。

8

相手の知られたくない秘密を引き出す「禁断のひと言」

「例えばの話」「一般論」「もしかして」「仮の話」を使うだけでいい

相手との会話の中で、もう少し踏み込んだ話を聞きたい時、使うと便利なのが「仮定の話」として切り出すことです。「例えばの話ですが」「もしかして……」などがあります。

すると、人は簡単に錯覚に陥ります。**今話していることとは、別次元の話のように思い、つい本音を漏らしてしまうからです。**聞きにくいことは、これで核心に迫りましょう。

A「おたくの会社は待遇がいいって聞きますけど、例えばの話ですが、40代に入れば1千万円ぐらいは固いんでしょ？」

B「まあ、そういう時代も確かにあったみたいです。でもね、今では、50代になってもごく一部の人ぐらいですよ、そんな人は。あとは役員にでもならないと無理ですね」

A「へー、そうなんですか。どこの企業も様変わりなんですね。すると、仮の話ですが、今は、30代で500万円ぐらいに届けばオンの字なんですかね？」
B「まあー、そんなとこかな、私は今、40歳ですけど、37歳でやっと500万の大台を超えたぐらいですから」

A「もしかしてだけどさー、きみみたいに可愛くてモテモテだと、これまでつき合った男の数も5～6人は軽くいるよね？」
B「そりゃまあ……、それぐらいは……」
A「じゃ、一般論として、きみクラスの場合だと、10人以上でも間違いないのかな？」
B「そうねえ……。あたし25歳なんだから、それぐらいふつうでしょ……（赤面）」

ライバルから、営業の秘訣を聞き出したい時にも、話を振るだけで簡単に聞けます。

A「もしかして、A社の受注獲得は、日頃のフォローと何か関係があったんですか？」
B「まあ、そうだよ。注文取れなくてもね、週に一度は資料を届けに通ってたからね」

「見当違いの話」や「自己開示」でも本音が漏れる

「見当違いの話」を振ることでも、相手は本音を漏らします。

A「おたくの会社ってさ、月に70時間以上も残業するブラック企業なんでしょ？」
B「うちは給料が安いから、全社員一丸で残業するんだよ。ちゃんと残業代が出るからブラックじゃないよ。だから、昼間は手抜き仕事でゆっくり休養を取ってるのさ」

A「おたくのこの製品、中身の部品は全部、安い中国製でしょ？　もっと安くしてよ」
B「うちは中国製じゃないです。台湾製です。しかも部品原価が3割の高級品ですよ」

A「きみって、目と鼻と口も、整形してるんだよね。噂で聞いたけど……」
B「誰がそんなこと言ってるのよ。ちょっとヒアルロン酸を注入しただけよ！」

「見当違いの話」や「間違った話」を振られると、つい訂正しておかなくては——という使命感から、本音や秘密をつい漏らしてしまいます。真面目で正直な人ほどそうなります。

こちらから逆に、本音の話を持ちかけるのでも、相手の本音が聞き出せます。

自分の秘密に属する情報や、「ここだけの話」とクギを刺しておきたい事柄などを、特別に相手に語って聞かせることを「自己開示」と言いますが、これを行うと、「返報性の原理」がはたらき、相手もつい踏み込んだ話をしてくれるからです。

男「実は、ぼく、独身と言ってましたけど、本当はバツ2なんです」
女「えっ？　そうだったの。実は私もバツイチなんだけど、私のほうには子供もいるの」

A「実は……これ、新製品と謳《うた》ってますが、中身は旧型と大して変わらないんですよ」
B「へーっ、そうでしたか。ここだけの話ですが、うちの○○も似たようなものですよ」

他にも、「それって、ホントかなー」「何か変だなー」などと首をかしげて、相手の話の信憑性を疑ってかかると、本音を漏らしてくれる場合も少なくありません。

人は、自分の話を否定されたり、疑われるとイヤなので、さらに証拠をそろえるべく、余計な話をしがちだからです。「何か腑に落ちないんですけどね、そのお話は……」などと言って、相手を揺さぶってみるのも、本音を探る手法として悪くないでしょう。

9 マイナスの言葉をプラスにして人を操る

認知の歪みを生むリフレーミング法

人生には、うまくいかないことが続くことがあります。

※まもなく契約成立と思っていたのに、破談になった――。
※今度の彼女とは、気が合うのでうまくいくと思っていたのに、振られた――。
※自分が昇進できると思っていたのに、ライバルに先を越された――。

こういうことが続くと誰でも落ち込みます。自己肯定感が持てなくなるからです。
人生の理不尽さに「やる気」もなくなるのです。

こんな時には、早くその心境から脱却する他に有効な手立てはありません。

自分や他人が、こうした状況に落ち込んだら、どうしたらよいのでしょう。

「これで、よかったんだ」「だからよかったんだ」と心のフレームを変えるのが一番です。

すると、認知が変わり、見えなかったものも見えてくるからです。

※今回の契約を成功させていたら、うちの会社のメンテナンスが下手なので、途中でうまくいかなくなり、赤字になって「誰だ、こんな契約取ってきたのは！」と現場から怨嗟《えんさ》の声が上がってきたかもしれなかった——。
※あの女とは、所詮結婚するつもりなんかなかったのだから、早く別れて正解だった。
※今回の昇進でライバルはますます図に乗って、周囲の顰蹙《ひんしゅく》を買うだろうから思う壺だ。

イソップ物語に「酸っぱいブドウの話」があります。ブドウに手が届かなかった狐が、「あのブドウは酸っぱくて不味いに決まっている」と決めつける心理と同じなのです。

負け犬の遠吠えのようですが、これは非常に効果的なリフレーミング法なのです。

自分や誰かが失敗して落ち込んでいる時には「だからよかったんだよ」と言う逆説言葉で新しい思考に導くことです。これが、非常に有効な「ダメージ回復法」になるからです。

言葉の順番が変わればイメージが大きく変わる

概して日本人は、諸外国の人と比べ、謙虚で、誠実、親切、正直とよく指摘されます。謙譲の美徳精神で潔く謝罪もするでしょう。謝罪されたほうも潔《いさぎよ》く水に流します。

こういうバックボーンがあるため、自分のマイナスイメージも潔く相手に伝えようとしたがります。ついつい本音を晒してしまうのです。

しかし、こういう態度は、明らかに交渉の場では、不利にはたらきます。

※うちは、技術力には定評があるのですが、なにぶん規模の小さな会社でして、お取引にあたりましては、何かと到らないところも多々あるかと思いますが、なにとぞよろしくお願いいたします。

※彼は、性格もいいし、知識や経験も豊富です。チャレンジ精神もあって、申し分のない人材だと思うのですが、学歴だけは三流私大出身なのでパッとしませんが、今回の昇進基準には十分達していると思います。

このように、よいことも悪いことも、できるだけ正直に伝えようとします。

これを「両面提示」と言います。

裏も表も隠しません——といった態度で誠実ですが、両面提示の時は、悪いこと、マイナスになることを先に提示して、よいこと、プラスになることは、後で提示すべきです。

人は、あとのほうの事柄や出来事が、一番記憶に残るからです。

次のように、変えると、好印象に変わります。

※うちは、何分規模の小さな会社です。しかし、技術力には定評があります。しっかりとしたフォロー体制で臨みますのでよろしくお願いいたします。

※彼の学歴は三流私大卒です。しかし、彼は知識や経験も豊富ですし、チャレンジ精神もあって申し分のない人材です。今回の昇進基準には十分達しています。

このように言えば、イメージは一新します。

心理学でいう「系列位置効果」がはたらくからです。

「彼女は美人だけど、気が強い」と言えば、マイナスイメージですが、「彼女は気が強いけど、美人だ」と言うと、プラスイメージになるわけです。

「マイナス」の上手な扱い方に慣れておくと、世渡りもスムーズとなるのです。

一瞬で攻守が逆転する！「会話のワザ」

人は質問されると、反射的に質問に答えようとします。質問に答えないのは同調的、共感的態度でなく、礼を失することになるからです。

したがって、相手から少し舐められているなと思ったら、ここぞとばかりに矢継ぎ早に質問攻めにしてやりましょう。

これだけで、会話ベースでの攻守は逆転するからです。小難しい質問なら、なおのこと相手は答えに窮し、言葉に詰まって焦ります。質問内容は、５Ｗ１Ｈの要領で構いません。

「それはいつからのことですか？」

「他社との優位性はどこですか？」

「開発の指揮は誰が取りますか？」

「それは何が原因でしょうか？」

「なぜ、そこが問題ですか？」

「どのように改善されましたか？」

人は正確に答えようとするほど、追い込まれた心境になるものです。相手がこちらを見下している時には、どんどん質問するとよいのです。攻守が逆転し、主導権を握れます。

第3章

すべての要求をのませる極秘の心理術

「右脳型人間」と「左脳型人間」がわかれば相手を掌握できる

1

3秒で大まかに性格を当てる裏ワザ

両掌の指を互いに絡ませ、握り合わせた時、左右どちらかの親指が上にきているかを見ただけで、人の感性を知ることができる——という知見があります。

A「Bさん、3秒でわかる面白い実験があるんですが、つき合ってくれませんか。こういう風に両手の指を合わせてみてください。あ、左手の親指が上にきましたね。Bさんは、直感が非常に優れていますね。Bさんが物事を選択する時って、わりとインスピレーション重視のほうじゃないですか？」

B「え？　まあ、そうだけど……、どうしてそんなことがわかるの？」

あるいは、右手の親指が上にきた時には、こんな判断になります。

A「あ、右手の親指が上にきましたね。Bさんが物事を選択する時って、ロジック重視で、理屈に合ってないと、納得しないタイプですよね？」
B「え？　まあ、そうだけど……、どうしてそんなことがわかるの？」

米国の心理学者ウォルター・ソーレル博士は、著書の『人間の手の物語』の中で、左手の親指が上にくる人は右脳型で、「直感的」「感覚的」「空想的」とし、右手の親指が上にくる人は左脳型で、「論理的」「理性的」「現実的」と説きました。

これは、右脳と左脳から、身体の左右を逆にした形で運動機能に影響を及ぼすために生じる現象です。左右どちらの親指が主体的に動き、指組みを行っているかで判別します。左脳は論理思考、右脳は感覚思考を司る——という機能面からの人間タイプ判別法です。

すなわち、「右脳型タイプ」の人を説得する時には、全体のイメージを想起できるような情緒的・感覚的な話や、絵や写真といったビジュアルなメッセージが届きやすいのです。

また、「左脳型タイプ」の人を説得する時には、グラフなどの図表、数字の裏づけといった理屈づけを重視して説明すると、乗せやすくなるわけです。

さらに3秒あれば性格が詳しくわかる

人には多かれ少なかれ、こうした傾向があるので、これを知ったうえで交渉を行うと説得の効果が高まります。NOと言わせずに説得したい時、非常に役立ちます。

他にも、腕の組み方においても、同様の知見があります。

腕を組んでもらうだけなので、あまり時間もかかりません。

両腕を体の前で組んだ時、右腕が上にくるか、左腕が上にくるかで、それぞれ「左脳型タイプ」、「右脳型タイプ」に分かれるというものです。

この場合、「指の組み方」と、「腕の組み方」が、同一でなく、異なるタイプに分かれてしまう人がいるのですが、これはどうとらえるべきでしょうか。

両掌の「指の組み方」は、思考の入力を司る後頭葉、「腕の組み方」は、思考の出力を司る前頭葉が深く関わるとされています。これが思考のクセとして反映されます。

したがって、相手を説得する時には、「指の組み方」で相手のタイプを見極めればよく、相手が結論として出してくるものについては、「腕の組み方」を見ると傾向がつかめます。

「指の組み方」と「腕の組み方」による総合的なタイプ分類は、次のようになります。

上が「指の組み方によるタイプ」で、下が「腕の組み方によるタイプ」です。

※うう型（右脳×右脳）：直感思考・明るく楽天的・マイペース・自分好き・おだてに弱い・衝動買い・芸術好き・だらしない・へそ曲がり・お調子者

※うさ型（右脳×左脳）：直感でとらえ論理的に処理・気まぐれ・個性的・負けず嫌い・独創的・おだてに弱い・衝動買い・ポップアート好き・怠け者

※ささ型（左脳×左脳）：分析思考・論理優先・几帳面・生真面目・努力家・批判的・一貫性・出世思考・理性的・緻密・合理的・数字に強い・保守的

※さう型（左脳×右脳）：論理的にとらえ直感で処理・おおざっぱ・おしゃべり・社交的・リベラル思考・柔軟性・発明家・竜頭蛇尾・ゲーム好き

「うう型」には、細かいことにこだわらない大らかな人が多く、「うさ型」には、着眼点に優れた気取らない柔軟性に富んだ人が多く、「ささ型」には、我慢強く緻密《ちみつ》な仕事に強い人が多く、「さう型」には、ユニークなアイデアに富む社交家が多いと言えるのです。

自分や周囲の人に試してみると、かなり蓋然性《がいぜんせい》が高いことに驚かされるでしょう。

ダミーの要求で思いのままにYESを引き出す

一度YESと言わせれば次のYESがどんどん出てくる

ちょっとしたお願いごとなら、誰でも引き受けてくれるものです。いちいち断るのもストレスなので、誰からの依頼でもOKになります。

「赤のボールペンが切れちゃったんで、悪いけどきみのをちょっと貸してくれる?」

「お忙しいところ恐縮です。これ、ちょっと決裁印いただきたいんですけど……」

相手がOKしてくれたら、続けて、「あ、すみません。それからホチキスの針も少し分けてくれませんか?」「あ、こちらのレポートも軽くお目通しくださいますか?」と追加でお願いごとをしても、たいていはOKしてもらえます。

人はいったんYESと言うと、続けてYESと言う習性があるからです。反対にNOと言うと、ずっとNOと言い続ける習性もあります。

ゆえに人にモノを頼む時は、「極小依頼」にして、最初にＹＥＳを取りつけるとよいのです。

心理学では、「一貫性の原理」として知られる現象です。最初のお願いごとよりも少々大きくなった追加のお願いごとでさえ通ってしまうのです。小さなお願いごとからはじめて、少しずつお願いごとを大きくして、結局全部やってもらうということも可能になります（段階的依頼法）。

A「Bさん、悪いけど、このキャビネット動かすの手伝ってくれないかな？」
B「いいよ、結構重いね。よいしょっと」
A「ありがとう、助かるよ。ついでになんだけど、この床のホコリも片づけてくれる？」
B「え？　ああ、いいよ……。手伝うよ。ホウキ持ってくるよ」
A「ありがとう、おかげで早く片づいた。最後は雑巾がけしたいんだけど、いいかな？」
B「え？　それも？　ま、コトのついでだからやってあげるよ……（結局全部だな……）」
A「いやあ、悪いねえ、きみのおかげで助かったよ（早く片づいてよかった！）」

人間の「何度も断りたくない」心理を利用する

これは、「一貫性の原理」を利用した「段階的依頼法」と呼ばれる、NOと言わせずにお願いごとを引き受けてもらう心理テクニックになります。

少しずつ、お願いごとの水準を引き上げていくので「段階的」と呼ばれます。

人から、簡単な頼みごとをされると、つい、「いいよ」と気軽にOKしてしまいがちですが、相手は最初からこの手を使うつもりで、頼んでくることもあるわけです。

依頼内容が、途中でだんだん重荷になったら、「いや、ここまではちょっと手伝えないよ」とさっさと白旗をあげて断ったほうがよいでしょう。

もうひとつ、NOと言わせなくする心理テクニックには、「譲歩的依頼法」というのも、よく知られています。

これは、最初に相手に断らせるために、わざと大きなダミーのお願いごとをします。

そして、断られてからがっかりして見せ、相手にちょっぴり罪悪感を植えつけます。

断られてからが、勝負どころとなるテクニックです。

A「今度の新製品は、好評なので、100ケース入れさせてもらっても、いいですか？」
B「えっ？ 100ケース？ そ、そりゃ駄目だよ、置くところないし、無理ですね」
A「えーっ？ 駄目なんですか……（がっくり）、それぐらい見込んでたんですけど……」
B「見込むのは勝手だけど、そんな倉庫のスペースないし、店頭にも限りがあるからね」
A「じゃあ、すみません。あのう、せめて半分の50ケースならいいですか？」
B「うーん、50ケースでも多いけど、ま、それぐらいなら、何とかなるかな……」
A「ははっ、ありがとうございます。ホントに助かります（してやったり！）」

初めから、本命の50ケースのお願いごとを持ち出していたら、断られていたはずですが、最初に100ケースという、それよりも過大なお願いごとをすることで、それがアンカー（船の碇）となり記憶に残りました。とんでもない過大な要求だからです。

そのため断られたわけですが、Aはすぐ半分の50ケースに譲歩して再度お願いします。Aが要求を譲歩したので、Bもつい、自分も譲歩しなければと錯覚し、「返報性の原理」をはたらかせてOKしてしまう——という流れになったわけです。

何としてもNOと言わせずに、自分の本命の要求を通したい時には、この「譲歩的依頼法」を使ってお願いごとをすると、かなりの確率で要求が通ります。

3 面倒な要求を受け入れさせる技術

大きなお願いが「ついで」と言うだけで小さくなる

人は、小さなお願いごとだと、わりと簡単に要求を受け入れてくれる――ということは前項で説明しました。他人からのちょっとした「極小依頼」まで断わるのは、かえってストレスになるからですが、他にも理由があります。

※断ることで相手に悪印象を与えたくない。
※親切にしておくことで、何らかの見返りも期待できる。

こうした下心がはたらくことも、間違いないわけです。

したがって、小さなお願いごとに対しては、ちょっと嫌いな人からの要求であっても、すんなり受け入れてしまいます。

そして、最初に小さなお願いごとを受け入れさせれば、人は「一貫性の原理」の習性で、次の追加の要求にも容易にＹＥＳと応じてしまうわけでした（段階的依頼法）。

これと非常によく似た手法では、**最初に魅力的なエサを撒き、釣り上げたところで、少々厄介な次の本命の要求も呑ませてしまうというテクニックもよく知られています。**

受け取りやすいボールを最初に投げかけるので「ローボール・テクニック」と言います。

※「生ビール何杯飲んでも一杯１００円」という魅力的なアピールで客を呼び、単価の高いサワー類（一杯４５０円）も提供していることで全体の客単価の帳尻を合わせる居酒屋（生ビール中ジョッキ一杯の原価は90円程度、サワー類の原価は30円以内）。

※「今日、30分だけ残業頼めるかな？」と上司が、帰り際の部下に切り出し、やってもらう仕事は、とても30分では終わらない１～２時間かかる作業だった。

※「今晩、夕飯おごるから買い物につき合ってくれない？」と友人に切り出し、重たい買い出し商品の運び役を一緒に担わせる。

あなたの友人もキャバ嬢も不動産屋も使っている心理テクニック

もっと、あくどい手法も世間には転がっています。

A「マイカーを手放そうと思うんだけど、きみ、よかったら、ぼくのクルマ買わない？」
B「え？　あの４ＷＤを売ってくれるの？　安くしてくれるんなら喜んで買うけど……」
A「街の中古車屋で実際に査定してもらう価格でどう？　それなら、絶対オトクだろ？」
B「え？　いいの？　中古車屋の仕入れ価格なら、断然トクだから買わせてもらうよ！」

こんな段取りで、知り合いの中古車屋にクルマを運び、あらかじめ打ち合わせてあった少々お高い査定価格を提示してもらい、友人に売りつけるという手合いもいるでしょう。中古車屋の査定価格で買うと言ってしまった手前、友人は思ったより価格が高いと思っても、いまさら「やっぱ買うのをやめるわ」とは言い出せなくなります。

キャバ嬢「ねえ、今夜はラストまでいて、アフターに誘ってくれたら、嬉しいんだけど」
お　客「ラストまで、あと2時間もあるよ。終電なくなるからそろそろ帰らなくちゃ」

キャバ嬢「明日土曜でお休みでしょ？　二人で夜景のきれいなラウンジで飲みたいなあ」
お　客「ふーん。夜景のきれいなラウンジか……、じゃ、そうしよっかな、ハハ……」
キャバ嬢「嬉しい！　ありがとう。だからタカトシさんって、大好きなの！」

キャバ嬢のほうからアフターに誘われると、お客の期待も膨らみます。その後のオイシイ展開が妄想させられるからですが、キャバ嬢は、店での月間指名ノルマの本数を計算していたにすぎません。夜景を観るうち、残念な不都合事態が生じるのは目に見えています。

不動産屋「今日出たばかりの好条件の物件です。駅近、格安賃料、日当たり良好、1カ月フリーレントもついてます。これは早い者勝ちで、すぐ決まっちゃいますよ」
お　客「あ、これに決めます。お願いします」

好条件と思い、飛びついて契約して喜んだのもつかの間、雨の日になると、アパートの入り口に到る道のぬかるみがひどかったり、屋根を叩く雨音がうるさかったりして、「しまった！」という事態にもなります。不動産屋に文句を言っても、「雨の日ぐらい、しょーがないでしょ。何たって、好条件の格安物件なんですからね」と突っぱねられます。

自尊心を手玉に取ってNOと言わせない 4

持ち上げられると承認欲求が満たされる

人はほめられて、承認欲求を充足させられると満足度が高まり嬉しくなります。
自分を肯定されて悪い気がする人はいないからです。出身地でさえネタにできます。

上司「きみは、北海道出身か。さすがに全体的イメージに北の大地のスケール感が醸《かも》し出されてるな。きみなら、子会社に出向しても、大きな成果を上げてくれそうだね」
部下「え？　あの……そういうお話があるのでしょうか？」
上司「うん。一番、スケールの大きい人材を出してほしいと人事から頼まれててね」
部下「や、その……、急にそういうお話を振られましても……（汗）」
上司「やはり、堂々たるもんだね。北海道の厳しい寒さに鍛えられて育ったからだね」

部下「あ、いや、まあ、その……、出身は函館で、親はイカ釣り漁船の漁師です……」
上司「ほう、漁師の息子さんだったか。さすが、強靭な精神力が感じられると思ったよ」
部下「は、はあ……まあ……その……（汗）」

ほめ上げられると、麻酔を打たれたように神経が弛緩《しかん》して、自分を肯定する気分になってきます。すると、反論したり抵抗したり――といった戦闘意欲が減殺《げんさい》されます。

とりあえずは、為されるがまま――といった状況に陥らされるのです。

これで「話はまとまった」ことにされますから、人から持ち上げられた時は、用心しないといけないわけです。

女性上司「斉藤さんは、仕事もバリバリだし、新人の面倒見もよくて本当に頼もしいわ」
男性部下「や、ハハ……（照れ）、それほどでもありませんが……。ま、一応は……」
女性上司「男気のあるところが素敵よ。今回ね、斉藤さんが見つけてくれた当社の法令違反のことだけど、当面このまま走るので男の胸にシカとしまってくださいね」

女性上司から、ほめちぎられ、男気を讃えられると、「法令違反」にも目をつぶれます。

プライドが高い人ほど操りやすい

「ほめ」というのは、自尊心が低い人にはあまり効きません。人からほめられても、自己肯定感が高くないため、「そんなはずはない」と自分を否定的にとらえてしまうからです。

ほめることで人を乗せたい場合、一番効くのはプライドの高い人です。

尊大で、周囲を見下しているような人は、人が寄りつきたがりません。自分をほめてほしいと、つねに願っていますが、誰も近づかないため、「ほめ」に飢えているからこそ、そんな人にはよく効きます。

こういう人に、厄介なお願いごとをしたい時には、ほめるだけでなく、お願いごととその遂行能力の観点において、ほんの少しだけ値踏みする発言をしてみると効果的です。

プライドが高いので、自分が見くびられたように感じただけで、無茶な要求でも請け負ってしまうからです。つまり、生意気なヤツに対しては「ほめて」、ちょっぴり「けなす」要領で転がしてやればよいことになります。

上司「営業成績ナンバーワンのきみに相談だけど、財閥系大手のM社に、うちとの取引口座を開いてもらうのは、さすがのきみでも、難しい相談になるよな？」

部下「いえ、そんなことはありません。私に任せてください。きっとやり遂げますから」

男A「きみって美人でモテモテだから、ぼくみたいなのが、食事に誘っても断るよな？」
女B「あら、何言ってるのよ。誘ってくれるならアタシ、喜んで行くわよ」

先輩「いくら酒豪のきみでも、このテキーラを5ショット続けて飲むのは無理だよな？」
後輩「いえいえ、それぐらい、どうってことないっすよ。見ててくださいよ」

同僚A「TOEIC800点のきみでも、明日までにこの英文の翻訳は無理だよな？」
同僚B「どれ、見せてみろよ。いや、これぐらいならお茶の子だよ。任せときな」

逆手に取る形にして使えば、意外な本音をあぶりだすこともできます。

部下「部長は愛妻家として名高いので、不倫とか社内恋愛とかは、ご興味ないですよね？」
上司「いやいや、若い時にはな、けっこう危ういスッタモンダの橋も渡ったものだよ」

5 有無を言わせずにYESへと導く「聞き方」

不意打ちの質問でNOを消す

人は不意打ちに弱いものです。とっさの対応は理性でなく、動物的本能（潜在意識）が反射的に行うために、つい、「YES」と肯定的に反応してしまうのです。

A「……というわけなんだよ。あ、そうだ！　きみ今晩、麻雀つき合えるよな？」
B「え？　別にいいけど……（あ、今晩は彼女とデートだったの忘れてた……しまった）」

肯定的に答えるのは、そのほうが生存本能にとって、ストレスがなく無難だからです。相手と合わせておいたほうが、何かと安全で、対立を嫌う生存本能に導かれるからに他なりません。そのため、不意打ちを食らうと「YES」と肯定的に応じがちというのが、たいていの人の習性になっているわけです。

お客「フィッシュバーガーとチーズバーガーを1個ずつ、お願いします」
店員「お客様、お飲み物にコーヒーかコーラはいかがですか?」
お客「あ…、じゃ、コーヒーをお願いします」
店員「かしこまりました。あと、ポテトもおつけするのはいかがでしょうか?」
お客「んじゃ、ポテトもお願い……、小さいのでいいです……（金額上がったな……）」

お客の正規注文を聞いたら、すかさず付随注文を促すことで、「ついで買い」が誘え、客単価アップが可能になる場面は、私たちも日常的によく接しています。

男「あ、ごめん! オレ、財布忘れてきちゃった。ここの会計頼むよ」
女「え? あ……、そ、そうなの……? わかった……（しょーがない人だな……）」

初デートで気に入らない女性と見るや、財布を忘れたことにして食い逃げする、あくどい男性もいるので注意しましょう。

質問は「NOかYES」ではなく、「YESかYES」

不意打ちで尋ねるだけでも肯定的な対応を得ることができますが、「決まったことのように語る」手法でも相手から選択肢を絞った形での「YES」を引き出すことが可能です。

A「さて、昼飯は、ラーメンかカレーのどっちにする？」
B「ん？　そうだねえ、カレーがいいかな……」

ラーメンかカレーを食べることが前提の二者択一の質問に絞ると、どちらかをつい選んでしまいます。それ以外の選択肢が見えなくなってしまうからです。

自分がラーメンかカレーを食べたい時は、このように2つに絞って言うと、どちらかを選ばせられます。さらにこの時、後ろに置いた単語のほうが、心理的影響力を持つので、カレーを選ばせたければ、カレーを後ろに置いて言うほうが、カレーを選ばせやすいのです。**「親近効果」と言って、2つの単語を並べた時は、後ろの単語が記憶に残りやすいからです。自分の選ばせたいほうを、必ずあとに置いて言うことです。**

男「終電ないから泊まるしかないけど、ホテルにする？　それともウチに来る？」
女「おウチ、近いの？　じゃ、そうする……」

ホテルよりもウチに来させたほうが断然安上がりですから、こういう言い方をするわけです。居酒屋で夜を明かすとか、ネットカフェや漫画喫茶、カラオケ屋に行くという選択肢が示されないと、つい提示される2択から選んでしまうのです。

2択からしか選べないような前提が、そもそも誤りなので、こういうトークを「誤前提暗示」と呼んでいます。仮定の話のように見せかけて誘導するトークもあります。

男「例えば、ぼくと食事に行くとしたら、渋谷と銀座のどっちがいい？」
女「銀座のほうかなぁ……。大人の街だし……」
男「じゃあ、今度の土曜日、銀座に行こうね」

人は、選択肢が多すぎると混乱し選べなくなりますが、2択に絞れば威力を発揮します。

「お客様は青系、赤系のネクタイのどちらがお好きですか？」と尋ね、いずれかを選ばせ、次いで柄の大きいもの・小さいもの――などと、2択にして尋ねていけばよいだけです。

6 ネガティブ要素を強調してYESへ誘導する

相手の「もったいない精神」につけ込む

継続してきたことを辞めようとする人を翻意させるには、どうすればよいでしょうか。今まで続けてきた「時間」「労力」「お金」が無駄になることを説けば決意が揺らぎます。

生　徒「今月いっぱいでジムに通うのを辞めようと思います」
トレーナー「ジムを辞める？　もったいないですねえ。せっかくの努力が水の泡ですよ」
生　徒「家でもトレーニングできないわけじゃないので、もういいかな……と」
トレーナー「辞める方は皆さんそうおっしゃるんです。でも、体型は元に戻って太るので後悔されます。結局は、また一から出直しでジムに来られます。今までの努力や労力やお金が無駄になるので、辞めずに継続されるのが一番ですよ」

生　徒「うーん、そうなっちゃうのかなあ。じゃあ、やっぱり続けようかな……」

すぐに辞めることが経済合理性にかなっているのに、やめられなくなるのは、「サンクコスト（埋没費用）の呪縛」による作用です。「もったいない精神」が逆にはたらきます。

自治体の公共工事なども、いったん着手してコストを費やすと、将来の見通しが変わっても、ストップできなくなるのと同じです。

かつて、英仏が共同開発した超音速旅客機コンコルドは、開発段階から、就航させても採算が合わないと判明しましたが開発が辞められず就航させ、結局採算が取れず、膨大なコストの垂れ流しに終わりました。そのため、これを「コンコルド効果」とも呼びます。

制御不能の原発事故を起こしても、使用済み核燃料の処分方法の見通しがなくても原発を続けるのは、過去に膨大なカネ・労力・時間というコストをかけてきたゆえんです。「サンクコストの呪縛作用」をさらに強化させるには、バラ色の未来を語ることです。

※「あと5㎝だけウェストを絞ればモデル体型なので、みんなの憧れの的になりますよ」
※「コンコルドは、250機以上製造すると採算が合い、あとはものすごく儲かりますよ」
※「原発は未来に輝く技術です。世界への輸出も視野に研究・開発を続けるべきですよ」

ダメそうなこと＋「だからいい！」で人は信じる

継続してきたことを辞めるマイナスの理由が明確な場合は、そのマイナスの理由をプラス評価することで翻意させることも可能です。

生　　徒「今月いっぱいでジムに通うのを辞めようと思います」
トレーナー「え？　ジムをお辞めになるんですか？　それはまた、どうしてです？」
生　　徒「お金もかかるし、通うのに時間もかかるので、もういいかな……と」
トレーナー「あらまー。そういう理由でしたかー。そこがいいところなのにねえー」
生　　徒「は？　ど、どーゆーことでしょうか？」
トレーナー「お金がかかる、時間がかかる——だからこそ、続けられていいんですよ」
生　　徒「そ？　そうなんですか？」
トレーナー「タダで、時間もかからなかったら、続けられないものなんですよ」
生　　徒「へー？　そ、そういうものなんでしょうか……？」
トレーナー「トレーニングのモチベーションは、お金と時間と労力の３つですよ。それがあるからこそ理想を追い求められるんです。今までもそうだったでしょ？」

生　　徒「う、うーん……、そ、そう言われれば、そうかもですけどねえ……」
トレーナー「そうですよ。お続けなさい。理想を追い求めることこそ正しい姿です」
生　　徒「ふーん、なるほどー。んじゃ、やっぱり続けようかな」

理由が何であれ、「そこがいいんですよ！」と肯定し、逆説を唱えることが大事です。
すると認知が歪むからです。自分で正しいと考えた思考の枠組みが揺らぐわけです。心の中に矛盾が生じる「認知的不協和」の状態になると、矛盾を解消したくなります。そこに、トレーナーがもっともらしく解説を加えると、妙に腑に落ちてしまうのです。まるで禅問答のようですが、逆説を唱えられると心の中に「？」マークが広がり、異論を受け入れやすくなるからです。異次元のトンデモ理論を唱えるのでも効果があります。

信　者「神様を信じるのは辞めようと思います。だって、存在するかわからないし……」
指導者「だからいいんじゃないですか。見えない存在だからこそ尊い存在なのですよ」
信　者「え？　え？　ど、どーゆーことでしょうか？」
指導者「大宇宙で私たちが見ているのはほんの一部。存在が大きければ見えないのです」
信　者「うーん、そっかー。じゃ、信じていれば、やっぱり報われるんですね（納得）」

7 YESへの最短ルートは本人より周囲の人を説得すること

クチコミや評判は本人の言葉より影響力を持つ

交渉相手を口説き落そうと考える人は、ターゲットを交渉相手その人だけに絞り込みがちです。相手の趣味が何で、好きな食べ物は何か、理詰めなタイプか、感性豊かなタイプか……など、相手に自分を合わせるべく、相手のことだけをいろいろ研究してしまいます。

もちろん、それは大事なことですが、時としてもっと重要なこともあるのです。

例えば、交渉相手が既婚者なら家族がおり、会社のトップなら、身近なところに秘書や役員、部課長職などの支える構成員がいます。こういう人たちも活用して、ターゲットの交渉相手を攻略する絵図も描かなければならないわけです。

なぜなら、こうした人たちのクチコミ情報は、意外にも強力な効果を発揮するからです。

「あれは、評判よくないから駄目ですよ」のひと言で、あなたやあなたの会社の商品が、交渉相手の選択肢から一瞬にして蹴落とされることさえあるからです。相手の生活基盤を形作っている人たちの人間関係にも注意を払い、好意を獲得しておく必要があるのです。

「うちのラーメンは豚骨醤油ダレがベースで、化学調味料を一切使っていないので、自然のおいしさが味わえます」という自店のコマーシャルよりも、「駅前にできた豚骨醤油ダレがベースのラーメン店は、化学調味料を一切使ってなくて、めっちゃイケるぜ」と聞かされたほうが、断然足を運んで食べに行く人は多くなるものです。クチコミの威力です。

他人の口を借りて、モノを伝えると説得力が増すことを、心理学では「マイ・フレンド・ジョン・テクニック」と言いますが、別に「私の友人のジョンが〜」でなくてもよいのです。

周辺にいる誰でもが、第三者の立場として何かを語る時、「身びいきの発言ではない」「サクラではない」という立脚点により、「信憑性」という絶大なパワーを発するからです。「食べログ」などのレビュー評価は、辛辣《しんらつ》な酷評もある一方で、バランスの取れた好評価も多々あります。こういう力をこそ、味方につけないといけないわけです。

周囲の人を味方に引き込んで説得に利用する

例えば、交渉相手に対し、「接待」を持ちかけることも、「プレゼント」の攻勢を仕掛けることも難しいケースの場合もあるのです。ちなみに、「接待」は、おいしい飲食を共にするという「快楽」を相手に味わわせることで、心地よさとよき自分という印象をセットで結びつけ記憶させる「連合の原理」をはたらかせる効果があるから行います。

また、**接待で好意を伝えることは、プレゼントを贈る行為と相まって、「何かの施しを受けるとお返しをしたくなる心理」を誘発させ、この「返報性の原理」をはたらかせることで、交渉相手からYESを引き出しやすくするために行う有効なツールにもなります。**

ゆえに、「接待」も「プレゼント」も、行えるものなら、行ったほうがよいわけです。

しかし、事情があってこうした攻勢をかけられない時、交渉相手の周辺の身内を味方につけることが有効になります。

例えば、相手の家族です。子供がいれば、その情報が役立ちます。

小学3年生の男の子がいるなど、何かの拍子に子供の話を拾っておくとよいのです。

「あの方のお子さんは夏休みには昆虫採集に熱中してて、クワガタとかカブト虫を幼虫から育てているそうですよ」と周辺から情報を得たり、本人から、「うちの子は、地元サッカーの○○チームファンなんです。将来はサッカー選手と言って夢中ですね」などと聞き出しておくと最高でしょう。こんなネタをつかんだら、「これ、お子さんにどうぞ」といった関連グッズのプレゼントができるからです。

自分へのプレゼントだと警戒する交渉相手でも、自分の家族の話を覚えていてくれて、その家族へのプレゼントだと、嬉しくなって抵抗なく受け取ってくれるはずだからです。

また、周囲の人から得る本人情報も有益です。

「あの方は、毎週日曜日は、一日中ガーデニングに精を出されてるそうですよ。日に焼けてるのはゴルフじゃなくてガーデニングによるものですよ」

「あの方は、東京育ちだったそうですが、大学が関西だったために関西びいきになり、すっかり野球も阪神ファンで、お好み焼きが大好物ですよ」

こんな情報を得られたなら、本人との話題に使えるだけでなく、教えてくれた人にも、「先日はいい情報を教えてくださってありがとうございました。おかげで、あのあとすっかりガーデニングの話で盛り上がれました」などと、周囲の情報提供者にお礼が言えて、ちょっとした手土産を持参する口実にもなり、自分の好印象も植えつけられます。

「あの人は真面目で信用できますね」などと、何かの拍子に交渉相手の耳に吹き込んでもらえるかもしれません。一石二鳥の効果は、周辺の人とも仲良くなっておくことなのです。

8 面倒な人・厄介な人こそ簡単に操れる

共感するだけで偏屈な人はすぐに信用してくれる

世の中には、明らかに「フツウの人」とは異なる性向の偏屈な人がいます。

※人の言うことにわざと逆らうような行動傾向が見られる天邪鬼の人——。
※自分のやり方や手段にこだわり、他人と協調することを嫌う頑固者——。

こういう人には、「え？　それっておかしいでしょ？」とか、「何でそうなるの？　それって変ですよ」などと、うっかり口にしてしまいがちですが、こちらがそうした反応を示しただけで、ますます偏屈の度合いを強めてしまいます。

他人から、意見されたり、批評されることを嫌う人だからです。

わがままで協調性がなく、自分の殻に閉じこもっているのが心地よい人だからです。

こんな人に向けて、何かのことで、お願いごとをするのは厄介です。本人が気に入らない要求なら遠慮なく断ってきますし、たとえＹＥＳと受け入れてくれたとしても、こちらの要求通りにしてくれるとは限らないからです。

こういう人を「扱いづらい」と思う人は多いでしょう。あなたの会社や学校などの身近なところに存在する面倒な人なので、なるべく関わり合いになるのを避けているのではありませんか。

しかし、実はこういう人こそ、扱いやすいのです。根が単純で、自分の考えに共感・共鳴してくれさえすれば本人は満足だからです。**言っていることが少々変だと思っても、「なるほど、そうですか。いいですね」とアプローチの際に気をつけることです。異論を挟まず肯定してあげるだけでよいのです。**

逆らわずに肯定するだけで、こういう人は安心します。自分の殻に閉じこもっていることが心地よい人なので、その殻をつついたり、揺さぶったりさえしなければ、こちらの相談にも乗ってくれる人だからなのです。

いつも否定する人には反対意見をわざとぶつける

こうした偏屈な人は、こちらがいろいろ水を向けても、容易にYESの賛同は期待できないものです。フツウの人なら、できるだけ相手に肯定的に応じることがストレスにならず、無難な対応になると常識的にわきまえています。

しかし、**偏屈な人は、下手に相手に同調を示すと、相手にいいように篭絡《ろうらく》されかねないと思います。それだけ他人に取り込まれることへの警戒心が強い、臆病な人なのです。**

したがって、つねに否定的な受け止め方が特徴的になるのです。

A「Bさん。今度から、今までA→B→C→Dの流れでやってた仕事の手順を、B→C→A→Dの流れに変えるので、よろしく頼むね。このほうが効率がよくなるんで」

B「え？　それは無理だよ（NO）。かえってミスが多くなって効率が悪くなるよ」

A「Bさん、頼むよ。そんなこと言わずに協力してよ。万一、効率に問題が生じたら、その時点でまた、改善策を模索すればいいでしょう？」

B「やる前から、効率が悪くなるのがわかってるから言ってるんだよ。協力できないね」

このように、保守的で頑固なので、新しいことにチャレンジしてもらうのも難しく、周囲も手を焼きます。こういう人には、否定してくることを前提に、話の段取りを変えなければいけません。正攻法で向かうより、天邪鬼の思考回路を利用するのが得策です。

A「Bさん。仕事の手順は、A→B→C→Dの今のままが一番いいですよね？」
B「いや（NO）、別にそうとも思わないけどね」
A「だって、仕事の手順をA→B→C→DからB→C→A→Dとかに急に変えたら、ミスが多くなって効率が落ちるだけなんじゃないですか？」
B「だけど（NO）、そうとも限らないよ。仕事は慣れればミスもなくなるだろうからね」
A「そうかなあ、ぼくはA→B→C→Dの手順が一番いいと思うけどな」
B「でも（NO）、そういう硬直的な考え方はよくないと思うね」
A「ふーん、そう。さすがにBさんはベテランだけに卓見をお持ちですね（ヨイショ）」
B「ふん（NO）、それほどのもんでもないけどな……（嬉）」

このように「いや」「でも」「だけど」といった逆説の接続詞で、ついNOの反応をしてしまう天邪鬼特有の思考癖を見通したうえで話の展開を変えてやればよいだけなのです。

9 誰もが操られていた!? 販売員が使う心理術

「売れ残り」と「最後の1個」は同じ意味でも正反対

人の感情は、言い方ひとつで変わります。

A「人気爆発で、あと1個で販売終了になりますが、最後のご注文としていかがですか?」
B「え? アレは、もう終わりなの? じゃ、最後の注文でお願いしますよ」

消失感を刺激されるとともに、「もう最後」と言う限定・希少価値を訴求されると、購買心理が促進されるのは、よく知られた「限定効果・希少価値効果」と呼ばれるものです。

これで終わり、これが最後――と言われると、太古の昔の原始時代の飢餓感がよみがえるかのように、獲得しておかなければ損をする――といった気にさせられます。

八百屋の店頭で、「奥さん、このイチゴすごく甘くておいしいので、段ボール3箱が瞬く間に売り切れ、あとはもう、ここにある2パックだけ」と言われると2パック買いたくなりますが、「奥さん、このイチゴすごく甘くておいしいのに、まだ2パック残ってるの」と言われると買いたくなくなります。

人は、人気のあるモノが好きです。みんなが買っているモノがほしくなる――という同調心理がはたらくのと、残り少ないという希少価値に惹きつけられるからです。

こういうトークは、人の背中を押す時に便利なので、小売りの現場では実に多くのシーンで見受けられます。「20分間限定の半額タイムセール！」「今日だけ3割引き！」「本日閉店につき全品半額大特価！」……など期間を限定しただけで希少価値が上がるからです。

店員「A製品とB製品のどちらかでお悩みですね？　あっ、これ両方とも在庫切れです」
お客「えーっ、両方とも在庫切れなの？　くそーっ、ない商品を店頭に並べないでよ」
店員「人気製品なので申し訳ござ……、あ、B製品が1個だけある！　どうされます？」
お客「えっ、あるの？　も、もちろん、買いますよ、それください！」

消えたモノが、出現すると喜びが倍加するのは、「ロストゲイン効果」と呼ばれます。

真ん中を選びたがる性質を利用する

一番売り込みたいモノがある時には、それだけをひとつ置いていても売れません。比較できるもの、対照となるものを一緒に置くことで、価値がクリアになるからです。

有名な購買心理促進策としては、寿司屋の「松竹梅コース」の3点並びメニューがあります。真ん中の「竹」コースが一番売り込みたいメニューで、価格も「松」が3千円、「竹」が2千円、「梅」が千円という価格構成になります。

「松」は高いので敬遠されます。しかし、「梅」も貧乏くさいので回避されます。

結局、一番無難に思われて選ばれるのは、中庸《ちゅうよう》コースの「竹」ということになります。「松」や「梅」は、売れなくてもよいダミー商品という位置づけなのです。

2千円コースの「竹」が一番利益率も高くなるように原材料価格も調整しておけばよいわけですが、「松」や「梅」がなく、「お任せコース（2千円）」という単独メニューを掲げただけでは大して売れないのです。「松」や「梅」との「コントラスト効果」がはたらくからこそ、「竹」というメニューが生きてきます。

不動産屋が、賃貸物件の内見にお客を連れていく時にも、お客の希望する条件の範囲内の物件だけを片っ端から、次々見せていくのでは、なかなか決まりません。

最初に見せる物件は、希望の条件よりわざと上回る優良物件を見せ、次に希望の範囲内ながらかなり劣悪な物件を見せ、3番目に希望の範囲内でのよい物件を見せると、3番目で決まるのです。これも「コントラスト効果」がはたらくからです。

物件を見せる時には、コントラストがはっきり識別できるように、3つ程度に絞るのが無難です。数が増えるほどに、コントラストがぼやけてくるからです。


人は、たくさんのモノを見せられると、迷って選べなくなることが証明されています。


コロンビア大学で、人間の選択行動を研究するシーナ・アイエンガー教授がスーパーで行った実験結果が有名です。NHKの白熱教室でご覧になった方も多いでしょう。

スーパーのジャムを販売するコーナーで試食用に6種類のジャムを並べた時と、24種類のジャムを並べた時のジャムの売上は、試食用に6種類並べた時のほうが、24種類のジャムを並べた時より、10倍以上も売れたのです。サービス過剰は時に逆効果なのです。

百貨店では対面販売時、ショーケースから出して見せる商品はできるだけ少ないほうがよいという経験則もあります。盗難予防もありますが、ズバリ売れなくなるからなのです。

一瞬で覚醒させる！「スピーチのワザ」

人の集中力は、せいぜい20分程度です。どんなに面白いと思う話でも、20分もすればだんだん飽きてきます。45分とか90分といった学校の授業は、明らかに長すぎます。

一方的に話す側の立場の人は、聞き手の集中力を考慮すべきです。

プレゼンなどでも、20分以上説明が続くと、聞く側はもはや苦痛になるからです。退屈させない工夫が必要になります。いくつかのテクニックを覚えておきましょう。

「この場合どうなると思います？」と疑問を提起し、聞き手に「どうなるか」を考えさせるのも一法です。そして、実際に答えさせたり、選択肢を提示し、手を挙げさせて選ばせるといったことも、よく行われます。

しかし、一番効果的な方法は、「では、何人かにお答えいただきましょう」と無差別に当てると予告することです。うかつなことを言って、恥をかきたくない――という心理が、交感神経を活発にして緊張を生み出し、一瞬で脳を覚醒させるからです。

第4章

職場の人間をコントロール下に置く

やる気のない部下のモチベーションを引き上げる

なぜあの部下はいつも「やる気」をなくすのか？

やる気のない部下をやる気にさせる――には、どうすればよいのでしょうか。

この問題は、「やる気のある優秀な部下のやる気をなくさせる」といった逆のケースで考えるとよくわかります。次のように仕向けると、優秀な部下は「やる気」を失います。

※報酬を下げ、職務の地位を下げる（係長からヒラに降格など）。
※指示・命令を細かく出し、報告を頻繁に求め、自己裁量で行える仕事の範囲を狭める。

人の「やる気」を支える条件では、「外発的動機」と「内発的動機」の２つが、よく知られています。

「外発的動機」は、報酬や地位、義務や強制といった外部からもたらされるものです。

「内発的動機」は、好奇心、興味、関心、面白さ、楽しさといった心の内なるものです。

外発的動機は、必ずしも「やる気」に結びつくとは限らず、自己の価値観に合致する時に力を発揮し、義務や強制による場合には自発性や自立心をかえって損ないかねません。

やはり、**自分が好きで楽しいからやっている――という場合の「内発的動機」の「やる気」が、最も効率的な物事の成就や成果につながる場合が多いのです。**

したがって、「外発的動機」と「内発的動機」の2つを奪えば、「やる気」を失います。

例えば、交通の便が悪い地域では、タクシー利用が認められたのに、一切認められなくしたり、成果を上げた時には、必ずキャバクラに連れていくなどの「報酬」を巧妙に絡めて条件づけをしておき、それを一切やめるようにすると「やる気」を失います。

また、生き生きと楽しく仕事をしている部下に、あれこれ「こうやれ、ああやれ」と細かく指図をすると、本人は楽しくなくなり、「やる気」が殺《そ》がれます。

これらは「アンダーマイニング効果」として、よく知られるところです。

なお、「ブラック企業」や「過労死」の問題がありますが、こちらは、「やる気」の問題というより、そうした環境から逃れられない「義務」や「強制」の問題と、本人の「執着心」や「依存性」といった精神性の両面から、とらえるべき事例と言えるでしょう。

「自己効力感」を高めて成果を期待すれば「やる気」を生む

また、「やる気」の根底には「自己効力感」が高いか・低いか——ということが大いに関係しています。

「自己効力感」とは、課題に直面した時に、人は「これはこうすればこうなるだろう」といった結果を予期するものですが、それに対して、**「自分にはそれができる」という効力を予期できることを言います。**心理学者のバンデューラが唱えた概念で、「自己効力感」を高めるためには、次の5つの方法が効果的とされています。

※達成体験……過去に自分が努力して達成した事柄を想起し追体験すること。
※代理体験……他人が行う過程を観察し、自分もできることを認識すること。
※言語的説得……達成できることの説得を受けたり、自分自身でも納得すること。
※生理的情緒的高揚……熱血ドラマや伝記などから感化を受けること。
※想像体験……うまくいく過程をシミュレーションし、脳に記憶として刻み込むこと。

これらのことから、上司が「やる気のない部下をやる気にさせる」には、まず部下のこうした「自己効力感」を育み、高めてやることが大切とわかります。

小さな目標をいくつも達成させ、同行体験やOJTを経て経験を積ませ、実践シミュレーションを体験できる機会を与えて、徐々に自信を持たせることが欠かせません。

まさしく、山本五十六連合艦隊司令長官の有名な言葉「やって見せ、言って聞かせて、させてみて、ほめてやらねば、人は動かじ」ということに他ならないでしょう。

そのうえで、心理学者ローゼンタールの「教師期待効果」も併せて浸透させるとよいのです。別名、**「ピグマリオン効果」としても知られる心理作用ですが、上司のほのかな期待を感じ取ると、部下は、そうした期待に沿うような行動が促されるのです。**

部下の仕事が早い時には、「きみは仕事が早いな」とほめ、ミスのないレポートには「きみは、緻密でいい仕事をするな」などと評価を与えます。すると、無意識に刷り込まれた、これらの言葉に感化され、次第にそうした行動を取るようになっていくというものです。

「お前、またミスをやったのか!」「お前、またドジを踏んだな!」などと罵倒を繰り返していると、だんだんやさぐれ、「どうせ自分はダメ」と卑下し、使いものにならない部下にもなりかねないからです。これは「ゴーレム効果」と呼ばれる心理作用で知られます。

2 怒る上司・パワハラ上司を一瞬で黙らせる

「怒る人」は本能で動いている

人には、それぞれに特徴的な「思考フレーム」があります。

思考のフレームとは、「目の前に現れた物事に対して、それをどうとらえ、どのように対処するかの判断」をする時の思考の枠組みのことです。

私たちは、動物的本能（潜在意識）と理性（意識）が、瞬時に機能して個々の物事への判断を行っていますが、動物的本能が目の前の物事に対し、「何らかの脅威」を感じ取ると、たちまち不安や恐怖に駆られます。しかし、**この時すぐに「怒り」を爆発させる人は、「何らかの脅威」を感じ取ることに非常に敏感な人なのです。**

つまり、目の前のちょっとした出来事の変化に、理性的な思考をはたらかすことができず、本能で感じ取った「何らかの不安や恐怖」に突き動かされて、それを紛らわすために

「怒り」の感情を放出させる人だからです。

要するに、こうした「思考フレーム」の人は、「単純な人」「臆病な人」「精神的に脆《もろ》い人」「幼稚な人」「キャパシティ不足の人（変化への許容度が小さい人）」ということです。

したがって、こういう単純な人の「怒り」を鎮めるためには、動物的本能に支配されている脳のはたらきをすばやくリセットさせて、「別次元」の感情に誘導させることが肝になります。リセットの初期スイッチとしては、まずは、「驚かす」ことが一番有効です。

※驚愕……目の前の物事よりも、もっと驚くべき事態が突如起こることで、何が起きたのか理解しようとして心が瞬間的に空白になる（驚きの感情は、次の感情に移行する前段階の初期感情なのでニュートラル）。

例えて言えば、私たちは突然天井から水が降ってきたら驚愕します。突然の事態が呑み込めないため、今まで怒っていたことなどそっちのけで心は空白になります。

怒っている人の心の中を瞬時にして空白にし、次に「別次元」の感情に移行させてやると、理性的な心のはたらきへの回復を促すことになるわけです（これでリセット）。

これが、相手の怒りを鎮静化させていく基本的要領です。次の事例を見てください。

本能で怒る人を一瞬で黙らせる具体的な方法

★相手の目の前での急激な体調変化の演出！

上司「おい、お前っ！、またドジ踏みやがって、このバカヤローがっ！（怒）」
部下「もっ、申し訳ございま……、あっ、うう、痛い……（突然頭を抱え、しゃがみ込む）」
上司「えっ？　お前、どうした？（驚愕）えっ？　おい、だ、大丈夫か？（空白）」
部下「は、はい、申し訳ありま……。きゅ、急に、あ、頭が痛くて……（しゃがんだまま）」
上司「お、おい……、い、医務室行くか？　きゅ、救急車呼ぶか……？（トーンダウン）」

目の前の人が急激な発作症状を見せると衝撃でうろたえ、相手の安否を気遣います。

★職場で感情的になっている――という「異常な現況」を逆質問で指摘！

上司「おい、お前っ！　またドジ踏みやがって、このバカヤローがっ！（怒）」
部下「課長……、なぜ、職場でバカヤローなどと怒鳴るのでしょうか？（冷静に淡々と）」
上司「な、なにっ！（驚愕）お……、お前のせいだろ……！　え？　おい……（空白）」
部下「冷静に願えませんでしょうか？　ここは職場なのですから……（冷静に淡々と）」
上司「うっ、あ……、の……、な、あの……、つまり……だ……（トーンダウン）」

怒っている姿を、鏡に映し出されたかに感じるとバツが悪くなり、理性に目覚めます。

★感謝の言葉を浴びせ、相手の「承認欲求」をひたすら充足させる！

上司「おい、お前っ！　またドジ踏みやがって、このバカヤローがっ！（怒）」
部下「申し訳ございません。部長にはいつもご迷惑をおかけし、感謝しております」
上司「まったくだよ！　お前のせいで、どんだけ足引っ張られてるか……」
部下「部長にはいつも感謝申し上げております。本当に、本当にありがとうございます」
上司「ま、まあ……だな（驚愕）、まあ、その……（空白となりトーンダウン）」

感謝の言葉を続けて受けると、何だか嬉しくなり、「バカヤロー」と言えなくなります。

★沈黙する――という放置プレイでガス抜きを図る！

上司「おい、お前っ！　またドジ踏みやがって、このバカヤローがっ！（怒）」
部下「もっ、申し訳ございません！……………………（ひたすら沈黙）」
上司「おい、そ、それだけか？（驚愕）、え？（空白）、何か言えよ（トーンダウン）」
部下「は、申し訳ございません…………………………（ひたすら沈黙）」

沈黙されると何を考えているか判然とせず、懐疑の念から言うべき言葉を見失います。

3 反抗的な部下の反発心を消し去る

抽象的な言い方で黙らせるフィア・アピール（Fear・Appeal）

上司の言うことに、ことごとく茶々を入れる部下がいると、上司はムカつきます。

上　司「役員会からのお達しで、残業は午後8時までと決まった。午後8時には全館で、強制的に消灯するそうだから、そのつもりでやってくれ」
部下A「午後8時で消灯なんてやってられませんよ。仕事はとても終わりません」
部下B「結局、家に持ち帰ってやるか、早朝出社しろってことですね、これは……」
部下C「サービス残業で働いてるってのに、社員に不便だけを強いるんだから、ひでえな」
上　司「そのへん大人の解釈で頼む。ワーク・ライフ・バランスが世の習いだ（イライラ）」
部下A「ワーク・ライフ・アンバランスですね。役員は世間体だけ気にしてるわけで（笑）」

部下B「業績悪いのに、ますます業績悪くなるんじゃねえの。アホらしいな（笑）」
部下C「社員のやる気をなくす会社なんだよな（笑）」
上　司「まあ、文句を言わずに、言われた通りにやるしかないだろ（イライラ）」

いつも部下たちの愚痴のオンパレードを聞かされ閉口している上司は、はっきり言って部下に舐められています。堂々巡りの愚痴は、聞き手がいるからこそ行われます。

こうした状況を放置しているとますます部下たちの言動は横柄になっていくでしょう。適度にトドメを刺さないと、いずれ、やさぐれて、さらに反抗的な態度に走らないとも限らないのです。上司に反抗的な口を利くことで、ストレスの発散にもなるからです。

「またそれかよ」「やってらんねーな」「どーせ、朝令暮改だろ」「やる気しねえな」……こんな捨て台詞を聞かされて、黙って我慢していたのでは上司の沽券《こけん》にも関わるのです。

※「きみ。そのうち居場所なくなるよ！」
※「きみ、自分の将来を考えたことがないのか？」

こうした抽象的な脅しのひと言が効くのです。「お前、首になるぞ」では具体的すぎて反発を招き問題にもなりかねません。しかし、漠然とした言葉には「恐怖」が宿るのです。

今のままが続かない――という意味深なセリフが覚醒させるからです。

粋がり社員・向こう見ず社員を丸め込む

若さゆえの特権とも揶揄《やゆ》される「正論」「熱血漢」「粋がり」「向こう見ず」といった暴走体質を振り回し、上司に食ってかかってくる青二才社員の存在もウザいことでしょう。

部下「どうして、わたしの原発ルポの原稿が、掲載見合わせになったのですか？」
上司「うん、どうも原発反対のイメージが強いと社長が判断されてね。オクラ入りだ」
部下「賛成も反対もしてませんよ。公正中立なルポだと部長も賛同してくれたでしょ？」
上司「まあね。でも、社長がそうおっしゃったら、ぼくには従うしかないんだよ」
部下「経営権の編集権への介入ですよ！　それこそ偏向報道じゃないですか！」

部下「なぜ、円安の時に、原材料高騰を理由に値上げしたのに、円高になっても、価格を元に戻さないのですか？　円高値下げをアピールすればうちの製品売れますよ！」
上司「だってきみ、役員会で決まったことだからしょーがないだろ。俺のせいじゃないよ」
部下「おかしいじゃないですか！　顧客第一主義、消費者の味方って標榜してるのに！」

部下「なぜ、うちの会社では女子だけに、お茶当番制度があるのですか？」
上司「昔から、そうなんだからしょーがないよ。男のいれたお茶なんて不味いしな……」
部下「そーゆー問題じゃないでしょ。男女平等の原則に反してるんですよ！」

部下「先日、私もはじめて業界懇親会に出させていただきましたが、あれって、談合の予備会議じゃないんですか？　なんか数字が出てきて変だなと感じたのですが……」
上司「そうだよ。今ごろ気づいたのかよ。昔からの慣例だよ。信用第一のグループだよ」
部下「それって、まずいんじゃないですか。今は公益の内部通報者制度だってあるのに」
上司「だから、信用できるきみを連れて行ってやったんじゃないか。変なこと言うなよ」
部下「だって、談合はまずいでしょ。公益にもとる行為ですよ。おかしいですよ」
上司「何だとお前、まさか、うちの会社を裏切るようなこと考えてんじゃないだろな！」

いずれも、部下の言い分は正論でしょう。しかし、組織の闇の論理にはそぐいません。こういう手合いを相手に頭ごなしに怒ったのでは、反発されて暴走されかねません。

「きみの気持ちはわかる。若い時のオレと同じだ」とひと言共感を示し、丸め込むことが重要です。それで正義感も自尊心も保て、やがて闇の体質にも馴染んでくれるからです。

思いどおりに企画・提案をすいすい通すワザ 4

人は頑張っている人を応援したくなる心理がある

企画書やレポートを上司に提出する際には、「○○について、○×の視点での仮説を重点的にとりまとめ、最新データでの検証を行っています」といったひと言をつけ加えることを忘れないことです。工夫したところ、重点を置いたところにあえて付言するのです。

「プライミング効果」と呼びますが、このひと言が、「呼び水」や「起爆剤」の役割を果たし、相手にちょっとしたプラスの先入観を植えつけられるからです。

「とりあえず、まとめときました」とか、「こんなものかな、という感じで仕上げました」などと、あえて謙遜したりするのは凡百のやる愚行だからです。

いかにも、テキトーにやった――と思われたのでは何にもなりません。

手抜きでも、「いやあ、ホントに○○の検証は手間がかかりましたよ」とうそぶくぐら

いでないといけないわけです。それが「デキルヤツ」と思わせる小細工にもなるからです。

また、どうしても通したい企画書の場合には、1本だけでなく、関連企画として2本～3本と、同時提出するとよいのです。

1本だけだと、「この企画を通すべきか否や」という視点になりがちですが、複数案あれば、どれが一番よいかの視点になります。思考のマインドセットが変えられます。

どんなに優柔不断で煮え切らない上司に対しても、「○○の問題についてはABCの3つの案を考えました」と説明すれば、「ふーん、B案が一番よさそうだけど、きみはどう思うの?」などと問い返してくれるでしょう。そこで、「私も課長と同じで、B案が一番ベターかと思います」と狙いどおりに、B案を通すこともできるようになるわけです。

ちなみに、こんな場面では、3つの案に刺激された上司が、たまたまの思いつきで、陳腐でおバカな提案をしてくる場合も大いにありえます。しかし、だからと言って「それは駄目でしょう。ありえないですよ」と呆れ返って、鼻であしらったりしてはいけません。

上司はすぐにヘソを曲げるからです。「さすが課長、そのアイデアもいいですね。ところで少し質問ですが……」と切り出して、提案の弱点部分だけを質問で軌道修正させればよいのです。上司に向かっての批判・反論は、タブーゆえに賛同するフリが大事なのです。

反対意見を自分の意見の強化に利用する

上司の意見や提案には、批判や反論は禁物——とお伝えしましたが、会議の場での様々な提案へのあからさまな批判、反論も避けたほうが無難です。

２つの案に収斂《しゅうれん》されて、どちらかを選ぶという対立の構図となり、自分が少数派になった時には、非常に不利になるからです。

Ａ案とＢ案に分かれて、少数派のＢ案を支持する場合、「Ａ案には、こういう欠点があり、大きなリスクがあるので反対です」などとやると、多数派のＡ案賛同者たちから、総攻撃されて袋叩きにも遭いかねないからです。

こうならないためにも、なるべく最後まで立場を鮮明にしないほうが得策なのです。

そして、**一見A案に賛成しているかのように偽装して、B案への援護射撃をしたほうが、はるかに有利な立場をゲットできるからです。**

自分「私も皆さんと同じく、A案に賛成です。ただ、B案の○○の部分も捨てがたい魅力があるように思うのですが、そのへんを皆さんはどうお考えでしょうか」

こう切り出せば、再びB案に脚光を浴びさせることもできるでしょう。B案全体への総論で評価するのではなく、B案の各論へと落とし込み、そこだけに焦点を絞って言及するだけでも、マインドセットは変わってくるからです。

ところで、少人数コミュニケーションの研究で一躍有名になった米国の心理学者スティンザーは、会議における参加者の座る位置によっても、会議の流れが左右されることを突き止めています。

自分の企画や提案を、何としても通したいと考えて会議に臨む際には、自分の席の前には、自分の意見の賛同者に座ってもらうとよい――としています。

会議の場では、以前に激しく意見を交わした人が、過去のその相手の前に座ることが多いからなのですが、実際、目の前にいる人に対しては、批判や反論を加えたくなることが他の実験でも知られています。

なお、**自分の正面の席には味方に座ってもらい、自分の意見発表のあとにすぐ、「それはいい案だね」などと短く賛意を表してもらうと、反対意見が出にくくなります。**

賛同者が一人でも声を上げると、同調心理で次々と、「そうだね」「いいじゃない」「賛成だね」などの声が上がりやすいからです。事前に根回ししてサクラを仕込むことです。

5 リストラから逃げ切る方法

実績よりも「嫌いなヤツ」から真っ先にクビが切られる

昨今は、勤務先の業績不振でリストラ候補に挙げられる懸念だけでなく、M&A（合併・買収）によって日本へきた外国人上司などからも、いきなり狙い撃ちで退職勧告を突きつけられるケースが少なくありません。かつての日本の高度成長期のように、終身雇用の日本企業に勤めていれば一生安泰といったよき時代は、はるか遠い昔のことになりました。当然のことですが、リストラ候補に挙げられることだけは避けたい——というのがサラリーマン誰しもの本音になります。

では、どうすればリストラ候補に選ばれなくてすむのでしょうか。

鉄板の答えはありませんが、回避する手段があれば探っておきたいところです。

まず、**クビ切り担当の上司が、部下を何人かクビにしなければならない時に、誰を選ぶ**

かという基準ですが、単純に言えば第1に「嫌いなヤツ」であり、第2に「成績の悪いヤツ」と相場は決まっています。

つまり、仕事の成績がよくても嫌いなヤツなら、首切り候補リストにも挙げられるわけで、成績がよいから、実績を上げてきたから——といって、安心はできないわけです。

したがって、上司と仲のよくない部下、嫌われ者の部下は、リストラがはじまらないうちに、まずは、その上司から好かれておかなければならないのです。

すでにお伝えしてきたことですが、人に好かれるための心理的条件は次の通りです。

※頻繁に顔を合わせて親しく接するようにしておくこと。ただし、嫌われている人が嫌っている人に近づく時は、それなりの注意が必要（41頁参照）。
※相手との関係で、「共通項・類似性」を多く持ち、認識を共有しておく（47頁参照）。
※相補性の関係を築く。特に相手の弱い部分を補強できる能力を有しておく（47頁参照）。
※できれば、プライベートな深い部分でもつながる「秘密の共有」があること（47頁参照）。

ざっと以上ですが、さらに裏ワザとしての「保険」をかけておくことも必要でしょう。

職場での地位を安泰にする裏ワザ10ヵ条！

★クビ切り担当上司の家族とも身内的な親しい関係を作る！

上司の自宅近隣に住み、その家族とも接し「下僕」に徹するとクビを切れなくなります。

★クビ切り担当上司の「怪しい私生活」を掌握しておく！

上司を尾行し、「不倫」や「悪い性癖」の目撃者になっておくとクビを切れなくなります。

★クビ切り担当上司よりも上の立場の人間と仲良くなっておく！

社長や役員などにも幅広く顔が利くと思わせると、上司もクビを切れなくなります。

★社内的に有名人になっておく！

何かのことで全社的な名物社員になると、上司も遠慮してクビを切れなくなります。

★自分の仕事を誰にもできない形で占有しておく！

自分の仕事を囲い込み、誰も知らない、できない形にすれば、クビを切れなくなります。

★クビ切り担当上司の「裏の顔」を把握しておく!
得意先からのリベート収受や、経費精算の不正といった「秘密ネタ」を知っていても、秘匿する忠実な態度を示し、絶対的な信用を勝ち取るとクビを切れなくなります。

★得意先との人間関係を独占的なものにしておく!
自分と得意先との濃密関係を周囲に知らせておくと、簡単にクビを切れなくなります。

★独自の資格・ライセンスを取得しておく!
スキルアップで仕事関連の専門資格やライセンスを取ると、クビを切れなくなります。

★会社の「法令違反」の証拠を握っておく!
会社の法令違反に熟知し、その秘匿にも貢献すると簡単にクビを切れなくなります。

★経費精算での水増し不正請求などは一切行わず、模範的社員を演じておく!
リストラの理由にされる不良行為の証拠がなければ、簡単にクビを切れなくなります。

6 ライバルを蹴落とす禁断のテクニック

ちょっとした指摘でライバルが勝手に自滅する

職場にライバルがいてお互いが切磋琢磨《せっさたくま》して競い合っている——などという麗しき構図は、手綱を握る上司を喜ばせますが、ライバル同士は疲弊・摩耗させられるだけです。

ライバルは潰しにかかって完全に消し去るか、油断させて一気にゴボウ抜きで圧倒的な差をつけ、ライバルではない状態を見せつけてやらなくてはいけません。

ライバルを潰しにかかるタイミングは、相手が「ここぞ」という勝負に臨もうとする時が、一番の狙い目になります。

A「これから、G社でのプレゼンに行くんだって？　頑張れよな」
B「うん。何とか、G社と契約して、きみとの実績の差を縮めたいよ」

A「いやあ、きみがG社との大口取引を決めれば、俺との差なんか一発で逆転だよ」
B「そうかなあ。でも、とにかく頑張るよ。ところで何か大口受注の秘策ってないか?」
A「秘策はないけど、きみの口癖の『えーとですね』さえ言わなければ、きみのプレゼンはイケてるからね。G社の幹部もみーんな説得されると思うよ。大丈夫だよ」
B「へへ、そ、そうかな……。あのさ、俺って『えーとですね』ってよく言ってるかな?」
A「ふつうの会話の時には言わないけど、会議で発表する時なんかは、気になるかな」
B「そ……、そうか、わかった。ありがとう。言わないように気をつけるよ」

ライバルが意識していない口癖を、勝負の直前にアドバイスのフリで注入すると、ライバルは本番でグダグダの状況になるはずです。真剣勝負ゆえに緊張していますから、ちょっとした「気がかりなこと」が、脳を大きく支配するからです。口癖を出さないよう意識しただけで言葉が勝手に乱れ、そのため余計に焦って混乱をきたし、自滅するのです。


当人が意識していないことを、突然指摘するのも同様の効果が見込めます。

「ガニマタなんだね、きみ」「肌の色変だよ」「もしかしていつもニンニク食べてるの?」

「社内結婚のきみの奥さん、昔部長と関係があった噂は本当?」「きみ、性病体験者?」

「先週、歌舞伎町のいかがわしい店にいただろ?」「きみの鼻の穴デカくてよく動くね」

ライバルを油断させて自滅に追い込む「3ステップ」

ライバルを油断させ、自滅させるには、次のような3ステップを踏むことです。

★第1ステップ＝「ウィンザー効果」でライバルの認知を変える！

ライバルの気分をよくさせるには、こちらがライバルどころか劣った立場である——と認識していることを示すことです。人の闘争心に火が点《つ》けられるのは、自分をライバルとして追ってくる存在に気づいた時だからです。

こちらが、相手をライバルと認識していない状況を知れば、ひとまず安心できます。そんなに頑張らなくても、追いつかれることはない——とタカをくくるでしょう。

それには、**第三者の口を通して、相手をほめる「ウィンザー効果」を使うと、信憑性が増して効果的です。**「○○さんはスゴイ人だ」「○○さんは営業の天才だ」「○○さんは素晴らしい」などと、そこら中で吹聴していると、やがてライバル本人の耳にも届きます。

ライバルは、こちらを「イヤなヤツ」から「案外いいヤツ」に認知を変えるでしょう。

★第2ステップ＝「マイナスの自己開示」で油断を誘う！

「ウィンザー効果」作戦が浸透したら、直接ライバルに近づいて、深くリスペクトしていることを示すべく、「どうしたら、そんなにスゴイ成果が上げられるんですか。ぜひ教えてほしいです」などと頭を垂れて教えを乞うことです。その時、**自分がいかに効率が悪く、ダメ人間でくだらない失敗を繰り返している――かを創作してでも自己開示しておきます。**「コイツは、こんなに愚かなヤツなのか」と相手に思わせられれば大成功です。

さらに相手は油断してくれます。この時、相手は気を許し、「返報性の原理」で自分の営業手法も自己開示して教えてくれるかもしれません。ノウハウも盗めるでしょう。

★第3ステップ＝「毒入りのプレゼント」で罠に嵌《は》める！

相手の人となりや性格がわかったら、今度は「毒入りのプレゼント」です。**相手が最も苦手としそうな企業、イヤな担当者がいるところの契約をプレゼントします。**

「ぼくには、苦手な企業なので、○○さんがご担当いただけませんか？」と持ちかければ、相手は売上が増え実績になるので、「わかったよ、じゃあ俺が担当してやるよ」などと、恩着せがましく言いつつも、喜んで引き受けてくれるでしょう。

これで相手は、手間のかかる「毒入りプレゼント」に引きずり回されることになります。自分が開拓したところこそ相性がよく、他人が開拓した先は、勝手が違うからです。

7 優秀で生意気な部下を手の平で踊らせる言葉

「軽蔑」の表情を見逃してしまうと後戻りできない

仕事で実績を上げている部下は、ヒラ社員でも肩で風を切る勢いで上司に接します。表情には自信がみなぎり、生意気な発言にもメリハリを感じさせるものがあります。

ヒラ時代に大した実績もなく、長い年功だけで上司となった人には、そんな優秀な部下がまぶしく映ります。なにしろ、自分がヒラ時代には、到底こうした部下のような高い実績を上げたことさえないからです。

部下「課長、先日の条件で、M社との契約を結びたいのですが、よろしいでしょうか?」
上司「えっ? あ、あれは部長の決裁がまだ下りないんだよ。もう少し待ってくれよ」
部下「はあ? まだ下りないって、どういうことですか? 部長に催促してください!」

上司「いや、まあ、そう焦るなよ。部長も忙しいから、まだ検討してないと思うよ」
部下「課長は、何のためにいるんですか？　ぼくが直接部長に掛け合いますよ」
上司「いや、きみ、それはちょっと順序が違うだろう。そういうことは駄目だよ」
部下「こっちは急ぎなんですよ。M社には、他社も切り崩しを図ってるんですよ」
上司「わ、わかった、わかった。じゃあ、ちょっと催促してみるから、待ちなさい」
部下「……ったく。課長は契約逃してもいいんですかあ？　やる気あるんすかあ？」
上司「な、なんだよ、その言い草は……、きみ……（モゴモゴと口ごもる）」

こんな時、部下の顔面には、明らかに「軽蔑」の表情が浮かんでいるはずです。**顔の表情に現れる感情のうち、「軽蔑」の表情だけが左右非対称になります。具体的には、口のどちらか片側（口角）だけが、微妙に歪んで上がるのです。**

部下の顔に、こうした特徴的な表情が浮かぶ場合、放っておくと部下はいずれその感情を爆発させかねません。職場でヒラ社員が上司に向かってキレるのはご法度ですが、そうなると、結果的にその直属上司も「部下の管理・育成・掌握ができないダメ上司」の烙印をおされ、恥をかくことになります。仕事のできる生意気な部下の「やる気」をなくさせずに、平穏無事に「やる気」を保たせる方法を知っておきましょう。

「デキル部下」はコレで懐柔できる

仕事のできるヒラの部下が、直属上司を「無能」と見くびった場合、上司への「ホウレンソウ（報告・連絡・相談）」は、極端に少なくなるものです。

上司に、あれこれ相談しても、ろくに役に立たないと知っているからですが、それ以上に大きいのは、無能な上司と話すことで、自分の「やる気」が殺がれることを恐れるからに他なりません。

無能な上司から下手なアドバイスや指示を受けると、自分流にやっていて成果が出ているのに、無理やり無能な上司のやり方に合わせられるため、「やる気」が失われるからです（アンダーマイニング効果・135頁）。また、仕事のご褒美にと、飲みに連れて行って、「ああだこうだ」と講釈を垂れるのもいけません。

これは、勉強ができる子供に、周囲があれこれ勉強の仕方を細かく指図したり、テストで100点を取るたびに小遣いを与えることで、今まで好きで楽しんで勉強していたのに小遣いが目的化して、「やる気」が減退していく現象と同じことだからです。

したがって、**無能・有能の上司を問わず、こうした「デキル部下」に対しては、上司は下手に指図や命令をしないことが一番重要なのです。**

すなわち、「デキル部下」には、放置プレイが最適環境となるのです。

しかし、そうなると、中間管理職上司の立場としては、部下の仕事の進捗状況もわからなくなって困ります。そこで、「エンハンシング効果」と呼ばれる、外部からの報酬で、「デキル部下」の内発的動機を刺激する方法が有効になります。

外部からの報酬といっても、お金や接遇や休暇といったご褒美ではありません。何のことはない、言語的報酬を与えること、すなわち、上手にほめることなのです。

無能上司「山田君の成果は今回も実に素晴らしいね。私にも、契約獲得にこぎつけた秘訣や苦労話をぜひ聞かせてほしいな。きっと、きみならではの工夫があるだろ?」
有能部下「へへ、苦労話ですか、それならいろいろありますよ」
無能上司「ふむふむ、なるほど着眼点が素晴らしいね。勉強になるなあ。そうだったのか。その話を今度の課のミーティングで話してほしいな。みんなも感心するよ」
有能部下「ええ、別に構いませんよ。それぐらいのことは」

無能な上司が、こういう姿勢で臨めば、ホウレンソウもつねに得られるわけです。

仕事の「デキル部下」には、自尊心とプライドが保てる工夫が肝心なのです。

この質問ひとつで交渉を支配できる 8

相手自身も気づいていないニーズを引き出す質問

交渉事は、相手のニーズがどこにあるかを見極めながら臨むことが重要です。相手の望んでいないことで、話をまとめようとしてもまとまらないからです。

しかし、マーケティングの第一人者フィリップ・コトラーが説くように「顧客は、欲しいものが本当にはわかっていない」ものです。それをまず、念頭に置く必要があります。

※過去の質問「これまではどのようにしてきましたか？」
※現在の質問「今、どのようにしていますか？」
※未来の質問「これからはどのようにしたいですか？」

これら3つの質問は、顧客のニーズを探る質問ですが、どれが一番答えやすい質問なのか――お判りでしょうか。最初の「過去の質問」が一番答えやすいのです。

現在のことや未来のことを聞かれるよりも、過去はどうだったのか――という質問が、最もストレスなく、考えなくても答えられる質問だからです。

相手と交渉に臨む際にこうした質問力が本当のニーズを引き出すうえで欠かせません。過去の事情を最初に尋ねることで、現在はどうで、だから将来はどうありたいか――という論理思考に導けるからです。このことを忘れずに交渉に臨むことです。

また、交渉は、「勝つか・負けるか」と考える人が少なくありませんが、駆け引きであっても、勝負とは違います。ＷＩＮ－ＷＩＮの関係で終わることが望ましいからです。交渉の要諦は、相手の土俵に乗らないことが原則で、次の5つになります。

①自分の事務所などの慣れたホームグラウンドで交渉する。
②条件提示はこちらから先にして、アンカーリング（船の碇を下ろし基点を作る）を狙う。
③こちらの妥協できる限界点は示さない（譲歩できる最低条件の本音は秘匿する）。
④時間的制約を示さない（いつまでに決めなければならないという締め切りは秘匿する）。
⑤ＷＩＮ－ＷＩＮの妥結を目指す（こちらもトクした、相手もトクしたという形にする）。

未来をイメージさせれば交渉は9割成功

こうした交渉の要諦をベースにして、事前に交渉のシミュレーションを行っておくことです。こちら側から先に出した条件に対して、相手側はどのような要求をしてきて、こちら側の譲歩を狙うか――といったことを想定し、それに対しては、次にどのように切り返していくのか――といった準備を怠ってはならないわけです。

相手側も、様々なシミュレーションを行っているはずですから、落としどころを意識しながら、トークのやり取りを考えておくべきなのです。

出たとこ勝負では、WIN－WINの関係構築は望めません。相手側だけが満足し、こちら側に多くの不満が残るようでは、よい交渉とはいえないからです。

もうひとつ大事な点は、82頁で紹介した通り、交渉には「お願いする側」と「お願いされる側」があることです。優位に立てるのは、「お願いされる側」です。

妥結に到らなければ、交渉不成立でも構わないからです。

したがって、できるだけ相手を「お願いされる側」から、「お願いする側」に導いてやらなければなりません。

そのためには、**「お願いされる側」が食いついてくるポイントを、前述の「過去の質問」から探っていくことです。ニーズが明確になるほど、「お願いされる側」を食いつかせ、「お願いする側」に回らせる魅力的なエサ（条件）を提示することができるからです。**

この時、威力を発揮するのが「未来の条件提示」になります。

人は、バラ色の未来を提示されると、心が動きます。

鮮明なイメージを抱かせることに成功すれば、それに固執するようになるからです。

「おっしゃる通り、現在の時点ではそうですが、1年後には◯◯になるのですから、今からお互いに協力し合っていけば、かなりの収穫が期待できるのではありませんか？」

現状は満足できない水準でも、未来には満足できる水準になる——ことを提示されるとたいていの人の心はプラスに傾いていくものです。

暗い未来はストレスですが、明るい未来の展望は、人間本来の幸福願望のバイアスを刺激するからです。

9 女性上司が男性部下を転がすテクニック

女性を格下に扱う男性をあえて持ち上げる

男性社員にとって、初めて接する「女性上司」の存在は、ある種の「脅威」です。

自分では納得しているつもりでも、「俺の上司って、今度から女になるのかよ」「これからは女に指図されて働くのかよ」といった思いが底流にあるからです。

女性を男性より格下に見る「男尊女卑」の風潮が拭い難い人ほど、そうした思いを強くするでしょう。

いっぽうで、女性上司のほうにも、別の思いがあるのです。

初めて、男性の部下を従えることになると、「アタシ、男性の部下から舐められないでやっていけるのかしら?」と考えます。

部下が男性であるだけでなく、女性の自分よりも、年齢や、社歴の長い男性が多く含まれていると、とりわけ複雑な心境にもなります。

これが、妙な「気負い」を生んでしまう背景です。

しかし、これは、男性同士の場合でも、年下上司と年上部下の関係では同じです。

自分よりも、年齢が上、社歴が長い、経験が豊富――といった事情があると、「舐められたくない！」と決心するあまり、敵と遭遇したかのような心境に陥らされるからです。

そして、気負えば気負うほどに、自分を必要以上に鼓舞してしまいがちです。

女性上司「今度から、みなさんの上司になった近藤美咲です。ビシバシ遠慮なく、仕事に取り組むつもりです。皆さんの中には、ついてこれない人が出るかもしれませんが、そういう脱落者は、この部署から去っていただきますので、そのつもりで真剣にやってください！　以上終わりです！（キッパリ）」

こんなコワモテ挨拶をして、いきなり宣戦布告をしたら大変です。

男性部下たちは、女性上司に恐れをなし、表面的には従順な態度を示しても、裏では「へっ、何様のつもりだ、女のくせに」と反発を強めるだけだからです。

「面従腹背の上下関係」を、あたかも自分から仕向けたからこそ、こうなるのです。

男性の本能を刺激して思いどおりに操る

こういう関係をつくらないためには、男性側の底流にある「男尊女卑」の風潮を、逆手に取ってやらなければいけません。

女性上司「みなさん、女性の上司ということで、とてつもなく違和感を覚えられた方もいらっしゃるかと存じますが、そのへんは非力な私に、経験豊富な皆さんのお力をぜひお貸しいただきたいと思います。どうぞよろしくお願いいたします」

このように、へりくだって男性側の根拠のない自信や自尊心を満たしてあげることが重要です。「男尊女卑」という世の中の風潮を、さも当然のこととして受け入れていることを示すとかえって度量の大きさが、際立って見えるからです。

それだけで「デキル女性」と一目も二目もおかれます。

男性は、女性より格上の存在と思っている――男性側の心理に、女性が同調してやると、男性側は「奇妙な安心感」を覚えるのです。

男性は、女性から男としての存在を立てられるほどに雄々しくあらねばならない――という誇りに目覚めます。ゆえに女性は女性らしくエレガントにふるまいましょう。

男性は、女性のために役立つ存在でなければいけない――という自意識が高まるからです。太古の昔からの「男性本能」に立ち返るわけです。

女性に頼られて悪い気がする男性はいません。

そこをくすぐることです。新しいメスの出現が、オスの男性を活気づける心理作用は「クーリッジ効果」としてよく知られています。

生《い》け簀《す》料理屋では、アジの水槽の中に天敵のイカを一匹入れて緊張させることで、アジの水槽の中での寿命を伸ばします。これと同じような効果が狙えるわけです。

そのうえで、男性の心を奮い立たせるような女性からの「魔法の言葉」をまぶしてやることです。

「さすが、○○さんは、男性だから違いますねぇ」「○○さんは男気がありますね」「難しい仕事にチャレンジするのがお好きなのですね」「男らしくてほれぼれしますよ」

これで、単純な男心は奮い立ち、女性上司の前で、「手柄」を競い合うようになります。

一瞬で説得力を強化する！「言葉のワザ」

誰でも初対面の人と話す時には、できるだけ上品に話そうとします。それは、自分に好印象を持ってほしいからです。しかし、上品さを心がけるほどに説得力は弱まります。

丁寧語や敬語、謙譲語を使うと表現が曖昧で回りくどくなるからです。例えば、「この商品は、多くの方々からのご支持をいただき、長年にわたって愛用されて参りました」と言っても、インパクトがありません。

「～をいただき」「～愛用されて」「参りました」などと、受け身表現や謙譲表現になっているからです。

「この商品は、多くの方が支持し、長年にわたって愛用しています」

このように、受動表現から能動表現に切り替えるだけで、すっきりします。言葉は、丁寧語や敬語が多くなるほど、相手との「距離」を作ります。なれなれしいのはＮＧですが、せめて自社製品のＰＲは、受け身表現より能動表現で語るべきところです。日頃から能動表現を心がけ、染みついた上品癖を治しておきましょう。

第5章

恋愛が意のままになる男と女の心理戦術

美女やイケメンを「自分のモノ」にする 1

とびきりの美女やイケメンをオトすたったひとつの条件

恋愛映画の主要な登場人物は、美女やイケメンが圧倒的に多いものです。

ブサイクな男女が主役では、観る人が感情移入できないからです。

人はなぜ、美女やイケメンに惹かれるのでしょうか。

顔立ちが整っていると生物としての完成度が高く、優秀な遺伝子を宿していると生存本能が錯覚するからと言われています。最近の知見では、美女やイケメンの顔は、万人の顔画像をコンピュータで「平均値」に近づけるとでき上がることが知られています。

人類の男女の顔を平均化すると、美女やイケメンの顔になっていくのです。

脳は、瞬時にこれを識別し、魅力的かそうでないかを判断していると考えられます。

ゆえに、誰が見ても、美女やイケメンという水準なども大体共通するのです。

平均的な顔は、他人に脅威を与えることなく、同性の場合には、安心と信頼をもたらし、異性の場合には優秀な遺伝子を保有する個体と思わせるので、無意識にセックス願望がはたらくとも考えられます。ゆえに、そんな異性と遭遇するとドキドキさせられるのです。

美女やイケメンのように、顔が美しい、整っている、可愛い、カッコイイ——といった「外見的要素」が際立っていると、人物全体に後光が差し、他の部分（性格や知性など）も優れているように錯覚させられます。こうした心理作用を「ハロー効果」と言います。

「ハロー効果」は、他にも、「内面的要素（人格や知性など）」や「社会的要素（地位や名声など）」の際立ちでも起こりますが、「外見的要素」は視覚に訴えるのでかなり強力です。

しかし、当然ですが、「ハロー効果」は、本人の能力を実力以上に見せる錯覚だけに、長くつき合うにつれて、人物全体を輝かせたメッキも次第に剥《は》がれ落ちていきます。

誰もがつき合うなら、美女やイケメンを好みがちですが、これは美女やイケメンと連れ立つことで、自分までも周囲に「優秀」と映らせる「連合の効果」もはたらくからです。

つまり、高級ブランド品を持つことでの外部評価に自己満足も寄与するのと同じです。

美女やイケメンにアプローチするのは、自分には敷居が高いと感じ、敬遠する人も少なくないのですが、美女やイケメンもふつうの人間なので、特別臆することもないのです。

美女やイケメンに対する免疫のつくり方

美女やイケメンとつき合いたいなら、まずは、「ハロー効果」の呪縛から解放されることが大事です。憧れの美女やイケメンを前にして、ドキドキ緊張していたのでは、会話もぎこちなくなり、相手からは「変な人」に見られてしまうだけだからです。

どうでもよいと思っている女性や男性とは、ふつうに会話ができるのに、美女やイケメンを前にすると、「気に入られたい」という願望が強くはたらき、そうなるのです。

これでは、自然体で、あなたのよさを発揮することもかないません。

美女やイケメンを前にしても、自分をことさら「よく見せよう」などとは、思わないことです。そうすれば自然体で近づき、キッカケ作りもできるようになります。

まずは、次の要諦を実践することで、美女やイケメンへの免疫をつくることです。

★美女やイケメンに慣れる！

モデルクラブや芸能プロのマネージャーは、美女やイケメンを見慣れています。

生活実態や素の人間性も見ていますから、いちいち美女やイケメンを見て刺激を受けることもないのです。裏も表も知っていれば、等身大の人間に過ぎないことを悟ります。

こういう慣れる心理を「馴化《じゅんか》」と呼びますが、これをあなたにもたらすことです。

それには、美女やイケメンと思った人には積極的に近づくことです。

「自分がこの人」と憧れる異性だけでなく、あなたの周辺の「外見的要素」で「ハロー効果」を放っていると思われる人にどんどん近づけばよいだけです。やがて、こうした刺激を繰り返し自分に与えることで「どうってことはない」という自信が確実に身につきます。

★美女やイケメンの「ふつうの人間」としての実態をイメージする!

美女やイケメンも、同じ人間ですから、オナラもすればトイレにも行きます。

こうした「ふつうの人間」としてのイメージを鮮明に思い描き、脳の記憶として焼きつけておくことです。美しく整った容姿だけ――ということが次第に理解できるでしょう。

★美女やイケメンの「容姿の衰え」や「老化」をイメージする!

インターネットなどで、芸能人の容姿の移り変わりが簡単に見られる時代です。

ネットでは、美しい女性タレントなどの経年変化を「劣化」と称しています。わずか数年で人の容姿も変わります。こういう研究をしておき、あなたの憧れの美女やイケメンが、どのような経年変化を遂げていくのかを想像してみると、「今だけ」が意識されます。

2 人が恋する条件を知ると恋愛は思いのまま

結婚詐欺師に学ぶモテるための「ハロー効果」の使い方

前項で「ハロー効果」についてふれましたが、「ハロー効果」は、美女やイケメンなどの「外見的要素」が際立つ人だけに、はたらくものではないこともお伝えしました。

性格や知性などの「内面的要素」や、地位や名声、肩書、評判、信用などの「社会的要素」も、「ハロー効果」を発揮させられるからです。

自分を誰かに強力にアピールしたい時には、こうした「ハロー効果」を発揮させれば、あなたという人物全体を「素晴らしい人間」と錯覚させることもできます。

あなた自身が、美女でもイケメンでもなくブサメンの場合、「外見的要素」の「ハロー効果」はさほど期待できませんが、代わりに「内面的要素」や「社会的要素」の「ハロー効果」を発揮させることで、意中の相手のハートを撃ち抜くこともできるのです。

例えば、こうした「ハロー効果」を最も効果的に発揮して、見事な収穫を得ている存在には、「結婚詐欺師」がいるでしょう。

結婚詐欺師の「外見的要素」は、顔はもとより、服装や靴、持ち物などに、それらしい装いをきめ細かく施すことが知られています。これはユニフォーム効果といえます。

「内面的要素」は、知性的で高学歴で温厚な性格、器量の大きな好人物を演じます。

「社会的要素」は、医師、弁護士、パイロット、大使館員、資産家といった社会的信用や評価の高い人物をリアルに演じます。

完璧な人物像と舞台装置（行きつけのバーや高級レストラン、電話連絡先として秘書センターと契約したり、高級マンションを自宅として借りたりする）ができた段階で、狙った異性の獲物にスルリと近づき、「運命の出会い」を装って親しくなるわけです。

ターゲットがすっかり心を許し、結婚を約束する仲になったら、何かと理由をつけて大金を引っ張り出します。そして、ある日忽然《こつぜん》と姿を消して行方不明になるのです。

面白いことに、**結婚詐欺事件関連からの照会で、ターゲットが警察から事情を訊かれても、騙された――とは思っていない事例が多い**のですから驚かされます。行方不明の婚約者を詐欺師とも思わず、ずっと健気に帰りを待ち続けていたというケースが多いのです。

狙った相手を口説き落とすイメージコントロール

結婚詐欺師は、次々とターゲットを変えて大金を引っ張るために、どこかで尻尾を出して捕まるわけですが、大金持ちのターゲットを一人だけ見つけて、そのまま結婚してしまえば、詐欺にもなりません。あとは、配偶者に愛想を尽かされるようにふるまって、大金をたっぷり搾《しぼ》り取ったうえで、相手から離婚を申し渡され、別れたなら、完全犯罪にも匹敵する所業になります。

このように、結婚詐欺師の場合は、あくまでインチキですが、「ハロー効果」を使うことで異性をコロリと騙しています。異性に嘘をついてアプローチするのは、後々もめごとの原因をつくるだけで面倒ですが、**「ハロー効果」を上手に使えば、どんな美女やイケメンであっても口説き落とせることは確実なのです。**

次のように、3つの要素の「ハロー効果」でアプローチすることをお勧めします。

★「外見的要素」の「ハロー効果」を駆使するワザ！

顔を整形するのは大変ですが、そこまでやらずとも、髪形やメイク、服装や立ち居振る舞い、言葉遣いなどを工夫するだけでも、人のイメージは一変します。

信頼度が高いのは、スーツ姿やさわやかで健康的な服装で、靴もきちんと服装に合わせることです。そして、色彩心理学のセオリーにある通り、服装のどこかに赤色の見える部分を設けることです。これだけで、セクシーな魅力が増すことが知られているからです。

★「内面的要素」の「ハロー効果」を駆使するワザ！

ターゲットに近づいたなら、相手が好むであろうキャラクターを演じます。お笑い系で近づくなら、いつも面白い自虐ネタを持参し、あくまでも誠実で親切な振舞いに徹しながら、笑わせることに重点を置きます。真面目で堅実なキャラクターを演じるならば、知性を感じさせる話題を用意して、つねに向上心のあるところをサラリと見せましょう。相手の嗜好や性格に合わせてキャラづくりをすることが肝になります。

★「社会的要素」の「ハロー効果」を駆使するワザ！

他人の口を使って「美談」を注入すると、「マイフレンド・ジョン・テクニック」の要領で、あなたのイメージがスムーズに相手の胸に溶け込みます。信用のおける同僚や友人を使って一計を案じることです。「彼って投資に詳しくて結構な資産があるみたい」「空手の有段者で暴漢を取り押さえて警察に表彰されたことがあるよ」など、いろいろあります。

3 相手の気持ちを冷めさせない秘策

彼氏／彼女にのめり込みすぎてはいけない

憧れの異性に対して、「お願いだから、アタシとつき合って」などと、懇願する形でつき合い始めるケースがあります。相手は、さほど関心もなかったけれども、そこまで言われるなら、「つき合ってやろう」と情にほだされてカップルになったような場合です。

これは言うまでもなく、交際をお願いした側が、この関係を対等なものにまで引き上げられなかった場合、不幸な展開を迎えます。

心理学で言う「最小関心の原理」がはたらくからです。

つまり、**「惚れた弱み」で、相手からは横柄な扱いしか受けられなくなるからです。**

「最小関心の原理」とは、こちらが最大の関心を払って相手に接するばかりだと、相手からは「最小の関心」しか示されない――ということです。

アイドルが、ファンに熱狂されればされるほど、心は冷めていくのと同じ原理です。アイドルは、ファンの前では、精一杯のパフォーマンスで感謝の言葉を語りますが、自分にとっては、別にどうってこともないことだからです。

プロ意識がはたらくようになれば、職業としての覚悟と自覚も生まれるものですが、ファンからキャアキャア騒がれるだけのアイドルの存在であれば、面倒くさい思いだけが先行するのです。

カップルの相手方に「惚れた弱み」を見せないためには、いつでもつき合うのをやめる——というそぶりを見せておかなくてはいけません。

そうしないと、お願いされてカップルになった相手側が図に乗るからです。

SNSで他の男友達とも仲良くやっている写真を、カップルの相手方に見せたり、「○○くんから告られた」とウソでもよいからモテ情報を伝えてやりましょう。

別れを告げて、他の男に走るかもしれない——とカップルの相手方に思わせてこそ、自分の価値が上がるからです。お願いされてつき合いはじめたという思いの相手には、増長しないよう、十分牽制しておく必要があるのです。

マンネリカップルの場合でもそうです。こちらが別れを告げて去るかもしれない——という危機感を相手に感じさせないと、相手のほうから別れを切り出されかねないのです。

恋愛に対するのめり込み方は男女で違う

つき合いはじめのカップルは、男性と女性で恋愛ボルテージが違うのがふつうです。たいてい男性側から、女性にアプローチをかけますから、はじめは男性側のボルテージが高いでしょう。**女性のボルテージははじめ低く、つき合っていくにしたがい、幸せを実感するようになってから徐々にボルテージを上げるのがふつうです。**

そして、ボルテージの高かった男性は、関係が安定するとともに急速にボルテージを下げていきます。

「釣った魚にはエサはやらない」ということが往々にして起こるゆえんです。

いっぽう女性の側は、徐々にボルテージをじわじわ上げてきています。

つまり、男女では、このボルテージの差が大きいところに注意が必要なのです。

この関係性は、太古の昔からの狩猟本能の男性と、採集本能の女性の違いに起因するものです。男性側は、自分のボルテージの高さを証明するかのように、はじめのうちこそ女性に対してドカンと大きなプレゼントをしたり、旅行を提案したり積極的です。

しかし、自分の手のうちに女性が完全に落ちたと思うと、途端に安心します。

男性は、大きなイベントを提供したのだから、しばらくはもう、何もしなくても、お互いの愛情は盤石だと思うのです。

しかし、女性は違います。大きなプレゼントやイベントよりも、日常の何気ない関係性の中での細かいフォローがほしいと思うからです。

例えば、仕事が忙しく、好きなテレビ番組を見落としそうな時に、彼氏が気を利かせてテレビ番組を録画しておいてくれたとか、夏の暑い日にアイスクリームを買ってきてくれた——といった気配りが、愛情に包まれていると実感できる時だからです。

男性は一点豪華主義、女性は細切れ主義なのです。

男性側は、好きな女性にやたら豪華なプレゼントをすれば、自分の情熱や愛を女性が受け止めてくれると思いがちですが、女性側はいきなりドカンと豪華なプレゼントをもらっても、戸惑いがちだということなのです。

もちろん、女性も、もらって嬉しくないわけではありませんが、女性にとっては大きなプレゼントよりも細かいフォローのほうが、はるかに愛情を実感できることを、男性側は知っておくべきでしょう。

大きな一点豪華主義のプレゼントやイベントはお金もかかります。

日頃の細かいフォローのほうが、安上がりのうえに恋愛関係も長続きさせるのです。

4 恋人未満状態を「恋人同士」に格上げする

男女関係を接近させる聞き方・話し方

恋人未満で友人関係の男女が、恋人同士になるためには、それなりの手順が必要です。

★会話編1＝「聞き上手」になること！

男性脳は、論理思考の問題解決脳です。女性脳は、感情充足の共感脳です。

ゆえに、男性と女性では次のような会話になりがちです。

女性「昨日、帰りがけに鈴木課長から残業頼まれて、9時までかかっちゃったの。おかげで楽しみにしてた月9ドラマに間に合わなくて、見逃しちゃったの……」

男性「また、鈴木課長の残業要請か。急な残業は無理ですって断らないとね（対策）。きみも課長を甘やしてるんだよな（批判）。ドラマは録画予約しとかなきゃ（解決策）」
女性「そんなこと……わかってるけど…………………（会話がしぼむ）」

女性は、ただ愚痴を聞いてほしかっただけです。「へー、そりゃ大変だ……」とうなずいて共感してくれればよいだけなのです。それを、男性は上から目線で幼稚な説教をしがちです。「そうだったんだー」「わあ、そりゃ残念！」「悔しいよね、それ」と応じるべきです。男性は、女性と会話する際、「解決策」の提示をやめて女性との距離を縮めましょう。

★会話編2＝「サブリミナル・メッセージ」をかける・まぶす・散りばめる！

異性にモーションをかける際には、異性が喜ぶ言葉をさりげなくかけ続けることが大事です（35頁参照）。そのうえで、サブリミナルメッセージを適宜、潜在意識に送ることです。

男性が女性に送るとよい言葉は、「きみの瞳、すごく潤んでる」「肌がうるおってるね」「○○って快感だね」「○○って気持ちいいよね」「ここ、しっとりしてるね」などです。

女性が男性に送るとよい言葉は「（コーヒーに）ミルク入れたい？」「お砂糖入れたい？」「早くやりたいの？」「それって、すごくツイてるね。ツキまくりね」などです。

相手の無意識に向け、性的な意味合いを連想させる誘い言葉になっているからです。

男女関係を急速に意識させるデートのポイント

さらにシチュエーションの段取りにも気配りすることが大事です。

★デート編1＝「暗・近・狭」の原則！

男と女という「異性」を意識させる場面がないと、いつまでも友達関係が続きます。お互いが「異性」を意識せざるをえない環境をデートに設定しなければなりません。

暗いところで物理的距離が近く、吐息を感じるほど狭い空間だと、男女の性的な立場の違いを認識せざるをえないからです。ゆえに、映画館やネットカフェ、カラオケの個室空間、シティホテルのバーカウンターや高層展望ラウンジなどはお奨めの場所になります。

また、「吊り橋理論」では、揺れる吊り橋を渡る時の恐怖のドキドキ感と、エッチする時のドキドキ感の混同が生じることがよく知られています。

断崖絶壁、ジェットコースター、お化け屋敷なども、そういう意味では、キッカケづくりとして悪くないでしょう。事後に「すごくドキドキしたね」などと、認識を改めて共有することで、共通体験を記憶に刻ませると、次の出会いまでに認知が少しずつ変化を遂げるはずです。

★デート編2＝ボディタッチの極意！

男同士のボディタッチは、ライバルを意識しがちなため不快感を伴ないがちです。

しかし、**男女間のボディタッチは、性的興奮を高めるためのスイッチの役割を果たすことが多いものです。**男性から女性へのボディタッチは警戒されがちですが、どの程度女性が、相手の男性に打ち解けているか――の反応を測るバロメーターとしても使えます。

横に並んで歩いている時に、さりげなく男性の手の甲が、女性の手にふれるようにしてみましょう。女性が驚き慌てて手を引くようなら、まだ時期尚早ですが、別段自然な感じでいるなら、ここで手をつないでしまうことです。お互いの体温を、手という非常に敏感な部位で感じ取ると、2人の間に急速な一体感が広がります。

男性が女性の手をつないでも不自然な感じを与えないためには、飲食店での出入りの際のドア付近や、エレベーターの乗り降りの際に、女性の肩や背中に手を添える――といったことからはじめ、手相を診てあげると言って相手の手を触る――といったことを繰り返しておくと、スムーズになります。

なお、女性から男性へのボディタッチは、どんな形でも男性を嬉しくさせます。男性の腕に触る、腕や服を引っ張る、肩を叩く、腰や背中を押す――など何でもOKで、とりわけ太ももの上に手を置くとアピール効果は絶大です。

5 エッチに誘うシチュエーションのつくり方

女性を気安くエッチに誘うと引かれる理由

男性にとっては、女性とのつき合いはじめに、エッチにどう持ち込むか——ということが最大の関心事になります。

なにしろ、エッチをしないと実際につき合いはじめたとは、実感が持てないからです。

女性のほうは、取り立ててエッチをしなければ——とも思っていません。

相手の自分への気持ちが本物なのかどうか、デート時の男性のふるまいで見極めたい——という気持ちが勝っているからです。

男性は、酔った勢いにまかせて「これからホテルに行こう、いいだろ?」などとダイレクトに口説くケースが少なくないですが、最初がこれだと断られる確率も高くなります。

知り合ってまだ日が浅いと、女性のほうも尻軽女と思われたくない——というメンツもあり、かなり気安く誘われた——という現実に不快感も覚えるからです。

警戒心を募らせ、疑心暗鬼にさせられるのです。

体だけが目当て——。ガツガツしている——。低級な男かも——。

女性は、男性が自分を愛してくれるなら、自分を大切に扱うものだと考えます。

夢見るような心地よいムードを味わわせてほしいのに、「ホテル」などという下品な単語をいきなり使われたのでは興醒めします。

男性は狩猟本能で、一気に女性を仕留めたいと考えますが、焦っては逆効果で、女性のほうは、お互いが共感しあった段階でエッチに誘われたい——と思っているからです。

女性は、男性とエッチをしてもOKという段階になると、そこかしこに「OKサイン」を出してくるものです。それを見極めてからがスムーズにいくのです。

ガツガツすると女性は引くからです。女性は、好きな男性であるほど、気高く上品でありたいと思うのです。たとえ、自分からエッチしたい時でも、はしたない反応はしたくないのです。安売りするのはソンだということを、本能的によくわきまえているからです。

男性は「性欲第一」ですが、「女性はロマン第一」——と考えておくと、合点がいくでしょう。

ＯＫサインの見極め方とエッチの誘い方

女性が、男性とエッチをしてもよい――と心を許しはじめた時の「ＯＫサイン」には、いくつかあります。

※ボディタッチが増える。　※手をつなぐ抵抗感がなくなる。　※悩みを打ち明ける。
※お互いの手相を見比べる。　※家族や身内の話をする。　※自分の秘密を語る。
※間接キスになる食べ物や飲み物の共有が平気になる。　※メールの返信が素早い。
※長電話になる。　※弱音を吐いてくる。　※食事を気軽に誘う。　※甘えてくる。
※男性の趣味や好きなモノについての話題が増える。

こうした「ＯＫサイン」を見極めたら、次の段階のエッチに持ち込みましょう。

その場合も、「ホテル行こうぜ！」は禁句です。いきなり下品だからです。

「いいムードをつくり」→「自然な流れ」……としなければなりません。

★「きみと、もっと一緒にいたいよ」とデートで粘り、終電を見送ったのちに、「困ったな、

どこかで休もうか」と誘う。
★「たまには、ウチで飲もうか」と家飲みを提案し、そのままの流れをつくる。
★「朝まで飲もうよ」と誘い、途中で「疲れて眠いね」と頃合いを見て誘う。
★ドライブに行き、「きみと飲みたくなった」と提案し、「飲んだら運転ダメだから、今日は泊まろうね」と誘う。

たとえ、わざとらしくても、こうした段取りが大事だということです。

ところで、初回のデートで、一気にキスまでもっていきたい――という男性は、次のような「譲歩的依頼法（102頁）」を使ってみると、かなりの確率でうまくいきます。

男性「きみとエッチしたくなっちゃった」
女性「えっ？　ダメよ、私たち、まだ知り合ったばかりなんだし……」
男性「えー、ダメなの？　きみが大好きなのに……（ガックリ）、じゃ、キスだけさせて」
女性「え？　キ、キス……？　キスだけならいいけど……」

これで、ディープキスにまで持ち込むと、そのままホテルコースもありえます。

6 男女の関係を長続きさせる秘訣

男性脳と女性脳の違いが破局の原因

男性と女性の脳のはたらきは微妙に違います。

男性は左脳中心に論理的思考を得意とするのに対して、女性は左脳だけでなく感覚面で優れた右脳の感情的思考もはたらかすことが多いからです。

これが、男性脳と女性脳の違いということになりますが、必ずしも男性だから男性思考のパターンで、女性だから女性思考のパターンを取るとも限りません。

そうした傾向が、かなり顕著に現れる——というふうに理解しておきたいのです。


ところで、指の形態から見た男性脳と女性脳の識別法というのもあります。

人差し指と薬指の長さを比べて、どちらが長いかで、男性脳の影響が強いか、女性脳の

影響が強いかが判断できるという知見なのです。

これは「二本指の法則」と呼ばれるものですが、人は胎児の時に、男性ホルモンの「テストステロン」を大量に浴びると、人差し指が短く、薬指が長くなるというものです。

当然ながら、男性の多くは、人差し指が、薬指より短いのです。

いっぽうで、女性脳の影響が大きい人は、人差し指が、薬指より長いのです。

こういう人は、男性にも稀にいますが、必然的に女性の中に多く出現しています。

「二本指の法則」は、もともとネズミの研究から生まれただけに、人間には当てはまらないと主張する向きもあるのですが、実際に周囲の人たちに指の長さを見せてもらうと、こうした蓋然性が一定程度あることに驚かされるのです。

人差し指と薬指の長さの対比は、それが際立っている人ほど、男性脳か女性脳のいずれかの傾向がより顕著に現れるといいます。**男性脳の人は、活発で行動的、支配的になりやすく、論理思考で数的認識力や空間把握能力に秀でる傾向にあり、女性脳の人は、共感型で、母性的で感受性が鋭く、言語能力に秀でる傾向があるとされています。**

また、人差し指と薬指が、ほぼ同じ長さという人は、中性的な思考ができ、非常に個性的な分野に秀でている人が多いとされています。

ほかにも男性脳と女性脳の思考パターンに特徴的な傾向があるので見ておきましょう。

男性脳・女性脳を刺激すると相手はあなたのトリコに

★メールの送受信＝つき合いはじめは、男性から女性に頻繁にメールが送られますが、男性は女性との信頼関係ができるとメールの送信数が極端に減ります。女性は小まめな愛情表現を欲し、メールの送信が少ないことに苛立ちます。男性は忙しくても1日最低1～2回は送信してあげましょう。なお、男性は女性からのハートマークつきのメールが大好きですが、メールが頻繁すぎると、信用されていないと感じ、ウザがります。

★男性は浮気症＝男性の本能は、できるだけ多く自分の遺伝子を残したい衝動に駆られています。ゆえに好みの女性がいれば浮気もします。しかし、本命と定めた女性がいれば必ず戻ります。ただの遊びだからです。女性の場合の浮気は遊びではなく、本気になりがちなので注意が必要です。

★悩みの解消法＝男性は悩みがあると口数が少なくなり、自分の殻に閉じこもって解決法を一人で考えます。女性から悩みの原因を聞かれたり、アドバイスされることを嫌うので、そっとしておくことです。女性は、悩みがあるとすぐに打ち明けてきますが、解決法を示すより共感することが大事です。

★減点法と加点法＝女性は男性に放っておかれ寂しい思いをすると、突然別れを切り出します。減点法なのでゼロ以下になった時点で終わりです。男性は加点法です。性格がわがままでも美人なら許すといった傾向が顕著です。

★批評や感想＝男性は仲良くなるほど、女性に対してもずけずけとはっきりモノを言います。それが親愛の表現でもあるからです。ただし、女性が男性に批評や感想を口にする時は注意が必要です。男性は自分の好きなことや選んだモノについて、好きな女性から批評されただけで、自分の人格まで否定されたように感じてしまうからです。ナイーブなプライドゆえにすぐ傷つきます。男性は、女性からつねに讃えてもらいたい単純な生き物だからです。

男性脳と女性脳の傾向を探っておくと、円満な交際につなげていくことができます。

遠距離恋愛を成功させる方法

なぜ遠距離恋愛はうまくいかないのかを心理学で分析してみた

遠距離恋愛は、うまくいかなくなることが大半です。

米国の心理学者ボッサードが、結婚に到ったカップル5000組を調査して得た結論が、**「物理的な距離が近いほど男女の心理的距離も近づく」「男女の物理的距離は、心理的距離に反比例する」という「ボッサードの法則」です。**

しかし、これぐらいのことは、経験則でも十分予想がつくところでしょう。

男女のカップルが、離れ離れになれば、当然コミュニケーションが取りづらくなります。

結果として、どちらかに新しい恋が芽生える可能性も大なのです。

相手の環境変化を察知すると、おたがいの関係性に、すきま風が吹きはじめます。

そうなるともう、ジタバタしても、あえなく「ジ・エンド」に到るわけです。

遠距離恋愛は、たまに会うだけでも、「お金・時間・労力」がかかりすぎます。

しかも、会ったところで、短時間にやれることは限られます。

会っても、期待値以上に盛り上がる――という保証もないでしょう。

お互いの小さな変化にも、プラス・マイナスでの評価をしがちです。

そして、プラスよりも、マイナスのほうに目が行きがちです。

以前の彼氏（彼女）と違う――という確認の場になるのでは、やりきれません。

どちらが会いに行くか――というのも悩ましい問題になります。

どちらかの負担が重ければ、負担に耐え切れず、愚痴も出ます。

会うためのコストが、「相手を好き」の感情を上回ると続けられなくなるのです。

ゆえに、相手と別れたい人は、わざと物理的な距離をおくとよいのです。

相手への興味が薄れてきたら、ウソでもよいから、転勤や留学といった不可抗力で遠距離恋愛になることを相手に告げるとよいでしょう。「じゃあ、仕方がないから別れようか」となることが非常に多いからです。この手を覚えておくと、一方をストーカーに追い込むことなくキレイに別れられます。不可抗力だからです。

ところで、こんなに破壊力のある遠距離恋愛を成功させる手立てはあるのでしょうか。

鉄板ではありませんが、方法がないわけではない――ので見ておきましょう。

遠距離恋愛でも男女の恋愛観の違いが表れる

遠距離恋愛となった男女の思考パターンは、それぞれに違います。成功させるには、お互いが男女の思考パターンに通じ、ジタバタしない覚悟で臨むことが大事です。

★連絡の取り方★

男女のどちらか一方が、遠隔地に移ることで遠距離恋愛はスタートします。はじめのうちは、遠隔地に移ったほうが忙しくても、比較的頻繁にメールや電話で連絡を取り合うことも多いでしょう。しかし、新生活をスタートさせたほうは、新しい環境に日々溶け込んでいき、新鮮な日々を謳歌するようにもなっていきます。そのため、これが男性の場合には、女性へのメールや電話が次第に減っていきます。今まで、毎日していたメールのやり取りが、3日おき、5日おきといった形にもなるでしょう。地元に残された女性のほうは、メールが来ないのでヤキモキしだします。そこで、**しつこくメールや電話の催促をしたくなるのですが、これが禁物なのです。男性は行動を束縛されていると感じ、うっとおしくなるからです。**こんな時は、「メールください」と短く送信するだけで、催促せず、ひたすら辛抱強く待つことです。これができないと男性は女性の存在を重荷に感じるからです。放置しておけば、心配になった男性のほうから、必ず連絡がくるようになるからです。男性は新天地に赴《おもむ》くとしばらくは好奇心に駆られ、かつての地元よりも新天地での日々の生活に刺激を感じ、心躍るものだからです。**しばらくの「放置プレイ」が、男性の所有本能を刺激し、女性への小まめなフォローに向かわせるようになるからです。**

なお、男性でも女性でも、相手から「異性の存在」を疑う言葉が出てくると、急速に愛情が冷めます。疑いの言葉を相手に絶対にかけないこと、他の異性のことを話題にしないことが、遠距離恋愛の鉄則です。

★逢瀬の方法★

男女のどちらかが、いつも相手に会いに行く形だと、遠からず遠距離恋愛は終わります。会うための「お金・時間・労力」が負担になるからです。こういう場合は、片方も相手に交通費を援助するなどの配慮が必要になります。また、**最もよいのは、お互いの中間地点で会うようにすることです。**二人とも、知らない土地での行動は、新鮮な冒険気分も味わえるからです。新しい共通の思い出がメモリーとなることで、メールや電話での会話を弾ませる効果も期待できます。なお、逢瀬の際は、日頃の自分磨きの成果を相手に誇れるようにしておくことも大事です。相手の成長が、恋心をさらに刺激してくれるからです。

8 ナンバーワン人気キャバ嬢を口説き落とすステップ

モノにしやすいキャバ嬢の見極め方

水商売の女性に夢中になる男性は、少なくありません。

夢中になって、女性を口説こうと高価な贈り物をしたり、会社の金を横領して貢ぎまくって捕まったり、サラ金地獄に落ちて多重債務者になる人もいるぐらいです。

夜の蝶は、それぐらい魅力がないと、店の営業そのものが成り立ちませんから、そんな男性が現れるのも当然でしょう。女性も美貌に磨きをかけて男性客を待ち受けます。

水商売の中でも、口説き目的で通う男性が多いのは、やはりキャバクラでしょう。

高級クラブは敷居が高すぎ、社用族以外は馴染みが薄いでしょうし、セクシーキャバクラやピンサロの女性では、お金で口説けても格下の風俗女性ということで、男性の達成願望や狩猟欲求に火を点けられないからです。

やはり、若い美しい女性の魅力そのもので、男心を虜にするキャバクラこそが、口説き甲斐がある——ということにもなるのでしょう。

一口にキャバクラといっても、働く女性もいろいろです。場末の街や地方のキャバクラにはプロ意識に乏しい、緩い女性も多いものですが、新宿や六本木のキャバクラでは、ノルマ重視でプロ意識も高くそれなりのステータスを感じさせる女性が多くなります。

ただし、**口説くだけが目的なら、フリーで入店し、10～20分毎に女性のツケ回しを受けるうちに、新人、学生バイトといったプロ意識の低い女性を発見し、指名や同伴で通ううちにアフターにつき合わせ、そのままホテルへ——ということは、十分考えられます。**

プロ意識が乏しいというのは「お客＝お金」と見ていないので、容易に友達感覚となり、お店以外でのつき合いにも発展させられやすいのです。ただし、こちらはハードルの低い安上がりな口説きコースなのでキャバクラ上級者にはまったく物足りないことでしょう。

男性読者の皆さんが考える「キャバ嬢」というのは、レギュラー（毎日出勤）で、少なくとも上位3番以内の人気を誇る、可愛く美しく、ピチピチきらびやかな女性だと思います。こういう女性は、自分の魅力でとことん男性を引っ張るスキルに長け、容易に「お客」に口説かれません。「お客＝お金」というプロ意識ですから、枕営業もありえません。いったんお客に口説かれたなら、お客が店に来なくなるのをよく知っているからです。

相手からどんどんアタックさせる裏ワザ

そういう意味では、プロ意識が極めて高いのです。

若いうちだけ稼げることを知り、店のノルマも確実にこなし、ギャランティーの最高水準を常に意識しているからです。こんな女性にメルアドを教えてもらってヤニ下がっていたら、「同伴お願い」攻勢にさらされて、短期間に貯金まで吸い尽くされてポイされます。

金の切れ目が、縁の切れ目ですから、あとから恨んでストーカーなどにならないよう十分注意してください。

男と女の疑似恋愛を演出するのがキャバクラです。

プロのキャバ嬢を口説くためには、店やキャバ嬢の「虚構の世界」に対抗して、お客も「虚構の世界」を構築することが一番の早道となります。

男性客に一時の夢を見させる「虚構の世界」なのですから、男性客もキャバ嬢に、一時の夢を見させてあげるのがお奨めの方法になります。

せっせと通ってお金を落とすお客は、ただのスケベな「太客」と見なされるだけです。

キャバ嬢は、携帯ですら、営業用と私用の2台を保有し、メルアドは営業用です。

昼間忙しいバイトのキャバ嬢と違って、専業のキャバ嬢は、「太客」になりそうなら、アフターもつき合います。「同伴お願い」攻勢にさらされないためには、「ＩＴ企業」の社長の名刺をつくり、「忙しい」フリをしておくことです。キャバ嬢に鼻の下を伸ばさず、毅然とした紳士の顔を見せることです。けっしてヤニ下がった態度は見せないことです。

そして、ノータイスーツの颯爽《さっそう》とした姿で、閉店間際の時刻に入店し、「六本木に芸能人の○○がスポンサーで、知り合いがバーをオープンしたんだけど一緒に行かない？」などと、ちょっぴりプレミアム感のある飲食の誘いでアフターを狙いましょう。

ちなみに**スーツを着込むのは、ユニフォーム効果ですから、カバンや靴はもとより、キャバ嬢の目の前で取り出すサイフも凝ったものを用意し、見せ金として札束を30万円ほどパンパンに詰め込んでおくことです。**

たったこれだけのことで、プロ意識の高いキャバ嬢なら、目の色を変えるはずです。

このように、「お客」というよりキャバ嬢のほうから「お友達」や「恋人」になりたいと思う男性を演出するだけで、アフターからホテルコースへと簡単に実現させられます。

何度も足しげく店に通い、毎月20～30万となけなしのお金をつぎ込んでも、「お客」のままでは口説けません。**自分を演出する投資のほうにお金をかけるべきでしょう。**

この方法で口説くなら、ナンバーワンの人気キャバ嬢だってイチコロなのです。

ただし、翌朝、キャバ嬢の素顔を見て、「別人顔」に腰を抜かさないことを祈ります。

9 彼氏持ちの女性を略奪して自分の彼女にする心理術

最初に「大義名分」をつくって接近する

彼氏がいる――のが、わかっている女性に、「きみが好きなんだ。つき合ってほしい」と、どんなに熱を込めて説得しても、「ごめんなさい、つき合っている人がいるので」と断られます。**しつこくつきまとうと「脅威」なので、かえって嫌われてしまいます。**

するともう、次にアプローチするタイミングさえ、わからなくなってしまいます。

こんなケースでは、用意周到な作戦で女性にさりげなく接近し、「男友達」として仲良くなっておくことのほうが大事です。

意中の女性が職場にいるなら、まずは、彼女の周辺情報をリサーチしておくことです。どこに住み、どんな暮らしぶりなのか、出身地や、学歴、経歴などをさり気なくチェックします。そして、女性が何が好きでどんな趣味を持っているかの情報も収集しましょう。

こうして、女性のプロフィールがつかめたら、「共通項・類似性の原理（47頁）」を生かすべく、自分自身にも女性と共通するものをできるだけ多く揃えておきます。

それから、偶然を装って駅のホームでの出会いを演出し、挨拶を交わし、雑談で共通項をさり気なく持ち出して親しみを醸し、自分という存在を認識してもらえばよいのです。

あるいは、職場で簡単に応じてもらえそうな質問をしたり、相談をする、ちょっとした小物を借りるなどのアプローチをするのでもよいでしょう（27頁）。

人は、親切にした人に自分から好意を感じてしまう——心理作用があるからです。

自分が親切にしたのは、相手がよい人だから——と思うからこそ、認知が協和することを思い出してください。このような単純接触を繰り返すことで、こちらに対して「脅威」を感じることはなくなっていくはずです（41頁）。

こんな形で、親しくなったら、ウソでもよいので、自分にも彼女がいることを、意中の女性にも伝えます。女性はこれで、自分が口説かれることはない——と安心するのです。

そこで、彼女のことで相談に乗ってもらう関係性ができ上がります。

どんな店でのデートを女性は好むか——などと相談するうち、意中の女性の好みもわかるでしょう。こちらが自己開示すると思わず相手も自己開示してくれるからです（47頁）。

こうして、「恋人相談ができる男友達」という位置づけの大義名分が完了します。

「自分をより理解してくれる男性」を演じて略奪する

こういう「恋人相談のできる男友達」というのは、「メル友」「飲み友」「メシ友」「職場友」という位置づけよりも、はるかに上級ランクです。

なにしろ、お互いの恋人について、自己開示しているわけですから、心理的距離が非常に近い——という点が強力だからです。

「恋愛」というのは、特定の異性に、特別の感情を持ち、恋い慕い合うことですが、ベースにあるのは、相手とひとつになりたいという強い感情で、すなわち性的興奮です。

早い話が、「この人とエッチしたい」というのが、恋愛の本質なのです。

恋愛は、純粋で美しく、気高くて崇高なもの——でも何でもないのです。

男性は、女性を見る時、わずか0コンマ以下の瞬時のうちに、女性の「体型」→「顔」→「服装」→「持ち物」の順番で認識する——とされています。

女性は、男性を見る時、同様に、「服装」→「持ち物」→「体型」→「顔」の順番で認識する——とされています。

男性と女性が、異性を認識する時の「順番」の違いにこそ、人類の生存本能が隠されているといってよいのです。男性は本能的に、自分の遺伝子を残してくれる子孫の可能性を、女性の「体型」と「顔」から判断するのに対して、女性は、男性の「服装」や「持ち物」から、自分を守り養ってくれる男性の能力や資質を測っていることがうかがえるのです。

つまり、女性から見た「男性の価値」は、顔よりも能力――ということなのです。

しかし、能力を測ることほど、難しいことはないでしょう。

「恋人相談のできる男友達」という位置づけは、女性に「能力」や「資質」を売り込める絶好の立場です。

未婚の女性は、つき合っている男性を、つねに「値踏み」しているからです。

本当に「この人でいい」という彼氏への思いは、簡単に揺らぎます。

恋人と喧嘩をしたり、価値観が違うと思い知らされるシーンは多々あるからです。

そんな時、「恋人相談のできる男友達」という位置づけが威力を発揮します。

女性の恋人である、その彼氏をやみくもに非難したり、批判するのは避けるべきですが、彼氏に疑念を抱いた女性心理には、思いっきり同調、共鳴してあげることです。

すると、女性は、自分により理解のある男性のほうに心惹かれていくものだからです。

こうして、彼氏のいる女性であろうと、まんまと略奪することも可能になるのです。

〈著者紹介〉

神岡 真司（かみおか・しんじ）

◇－ビジネス心理研究家。日本心理パワー研究所主宰。最新の心理学理論をベースにしたコミュニケーションスキル向上指導に定評があり、法人対象のモチベーションセミナー、コミュニケーショントレーニング、人事開発コンサルティングなどで活躍している。

◇－主な著書に『相手にNOといわせない「空気」のつくり方』（宝島社）、『思い通りに人をあやつる101の心理テクニック』（フォレスト出版）、『相手を自在に操る ブラック心理術』（日本文芸社）、『相手のすべてが見透かせる 支配できる ヤバすぎる心理術』（ワニブックス）、『こわいほど使える アブない心理学』（青春出版社）、『嫌いなヤツを消す心理術』（清流出版）、『頭にくるひと言への切り返し戦術』（ぱる出版）などがある。

メールアドレス：kamiokashinzi0225@yahoo.co.jp

効きすぎて中毒《ヤミツキ》になる 最強の心理学

2017年2月25日　第1刷発行
2017年4月23日　第3刷発行

著　者――神岡 真司

発行者――徳留 慶太郎

発行所――株式会社すばる舎

〒170-0013 東京都豊島区東池袋3-9-7 東池袋織本ビル
TEL 03-3981-8651（代表） 03-3981-0767（営業部）
振替 00140-7-116563
http://www.subarusya.jp/

印　刷――ベクトル印刷株式会社

ISBN978-4-7991-0607-5